Weil wir wie das Schilfrohr im Flusse sind

Begegnungen mit der Heiligen Elisabeth in Hessen und Thüringen

Text: Monika Vogt

Fotos: Christine Krienke

Sparkassen-Kulturstiftung
Hessen-Thüringen

LANDESAMT FÜR
DENKMALPFLEGE HESSEN

THÜRINGISCHES LANDESAMT
FÜR DENKMALPFLEGE
UND ARCHÄOLOGIE

Impressum

Herausgeber

Sparkassen-Kulturstiftung Hessen-Thüringen
Frankfurt am Main
Landesamt für Denkmalpflege Hessen
Wiesbaden
Thüringisches Landesamt für Denkmalpflege und Archäologie
Erfurt/Weimar

Redaktion

Dr. Thomas Wurzel, Frankfurt am Main (verantwortlich)
Bettina Riehl, Frankfurt am Main

Autorin

Dr. Monika Vogt, Wiesbaden

Fotos

Christine Krienke, Wiesbaden
Hans-P. Szyszka, Erfurt

Gestaltung

Kirberg Design, Hünfelden

Gesamtherstellung

mww.druck und so... GmbH, Mainz-Kastel

Copyright 2006

Sparkassen-Kulturstiftung Hessen-Thüringen
Nachdruck, auch auszugsweise, nur mit schriftlicher Genehmigung des Herausgebers.

Vertrieb

Verlag Schnell & Steiner GmbH,
Leibnizstraße 13, 93055 Regensburg
www.schnell-und-steiner.de
ISBN-10: 3-7954-1780-5
ISBN-13: 978-3-7954-1780-2

Redaktionsschluss: 29. Juli 2006
Erscheinungsort: Frankfurt am Main
Schutzgebühr: 9,90 Euro

Bibliografische Informationen der Deutschen Bibliothek
Die Deutsche Bibliothek verzeichnet diese Publikation in der
Deutschen Nationalbibliografie; detaillierte bibliografische
Daten sind im Internet über http://dnb.ddb.de abrufbar.

Inhalt

Grußwort

Im Jahr 2007 jährt sich der Geburtstag von Elisabeth von Thüringen zum 800. Mal. Ihr Leben ist eine Legende geworden, von ihrer selbstlosen Fürsorge für Arme und Kranke erzählt ihre Geschichte. Die Heilige Elisabeth, geboren im Jahr 1207 als Tochter des ungarischen Königs Andreas II. auf der Burg Sàrospatak, starb am 17. November 1231 im Alter von 24 Jahren im hessischen Marburg. Wer sich anlässlich ihres 800. Todestages an Elisabeth erinnert, der blickt auf einen Lebensentwurf, der nichts mit den Lebensentwürfen unserer Zeit zu tun hat.

Ein Jahr ist sie alt, als ihre Eltern sie mit dem Sohn des Landgrafen von Thüringen verloben. Drei Jahre später muss die kleine Elisabeth ihre Familie verlassen, um auf der Wartburg, am Hof ihres künftigen Gemahls, das Leben einer Landgräfin von Grund auf einzuüben. 1221 fand die Vermählung der vierzehnjährigen Elisabeth mit Ludwig IV. in der Eisenacher Georgenkirche statt. Aus der Ehe gingen drei Kinder hervor, Hermann (1222), Sophie (1224) und Gertrud (1227).

Elisabeth war von ausgeprägter Frömmigkeit und setzte sich für die Armen ein. Unterhalb der Wartburg ließ sie ein Siechenhaus errichten, das von den Franziskanern betreut wurde. Nachdem ihr Mann auf einem Kreuzzug mit Kaiser Friedrich II. an Fieber starb, übernahm der Bruder Ludwigs (Heinrich Raspe IV.) den Thron. Elisabeth verlor mit ihrem Mann auch ihren Beschützer und war nun den Anfeindungen ihrer Umwelt ausgeliefert. Ihr Schwager vertrieb sie mit ihren drei Kindern von der Wartburg.

In Marburg an der Lahn fand sie schließlich Zuflucht und gründete dort ein Spital im Sinne der Franziskaner, in dem sie als dienende Schwester ihre letzten Lebensjahre verbrachte.

Das Datum ihrer Beerdigung, der 19. November, gilt bis heute als der „Tag der Heiligen Elisabeth" und ihr Lebensentwurf von vollständiger Armut, tätiger Caritas und selbstloser Hingabe übt noch heute eine sehr große Faszination aus.

Zu Ehren der Wiederkehr des 800. Geburtstages dieser außergewöhnlicher Frau im Jahr 2007, bringen die Sparkassen-Kulturstiftung Hessen-Thüringen und die Landesämter für Denkmalpflege aus Hessen und Thüringen unter dem Thema: „… weil wir wie das Schilfrohr im Flusse sind" das vorliegende Buch heraus. Es führt an zahlreiche Orte der Erinnerung, die noch heute vom Geist des ausgehenden Hochmittelalters beseelt sind und die geistige – aber auch konkrete – Wirklichkeit der damaligen Zeit veranschaulichen. Das Buch aus der Reihe „Begegnungen mit der Denkmalkultur in Hessen (Band 8)" spürt der Bedeutung und Wirkung der Heiligen Elisabeth bis in die Gegenwart nach und führt eine umfassende Auswahl von kunstreichen Darstellungen zum Leben der großen Heiligen vor Augen.

Ich freue mich besonders, dass es gelungen ist, nach den hervorragenden vergangenen Publikationen wieder einen Band herauszubringen, der in anschaulicher Weise das Leben von der Heiligen Elisabeth vor Augen führt, jedoch auch diese Lebensgeschichte mit den heute noch vorhandenen Kulturdenkmalen verbindet.

Hinweisen möchte ich noch auf den Kalender 2007 vom Landesamt für Denkmalpflege Hessen unter dem Titel: „Elisabeth von Thüringen 1207 – 2007". In diesem Kalender finden Sie zum Gedenkjahr die anmutigsten und reizvollsten Motive aus dem Wirkungskreis Elisabeths von Thüringen.

Mein Dank gilt an dieser Stelle allen, die an dem vorliegenden Band 8 mitgewirkt haben. Nur die gemeinsame Anstrengung aller Beteiligten machte es möglich, dass das Leben und Wirken Elisabeths von Thüringen anschaulich dargestellt und mit den Orten der Erinnerung verbunden werden konnte.

Udo Corts
Hessischer Minister für Wissenschaft und Kunst

Vorwort

„Das Leben wird vorwärts gelebt und rückwärts verstanden"

Kierkegard

Zum achten Mal legt die Sparkassen-Kulturstiftung Hessen-Thüringen eine Veröffentlichung, ihrer Reihe „Begegnungen mit Kulturdenkmälern" vor, die inzwischen zum festen Bestandteil des Tages des offenen Denkmals in Hessen und Thüringen geworden ist. Gemeinsam mit dem Landesamt für Denkmalpflege in Hessen und dem Landesamt für Denkmalpflege und Archäologie Thüringen widmet sich der vorliegende Band, anlässlich des bevorstehenden Elisabethjahres, dem Leben und der Verehrung der Heiligen Elisabeth, der Patronin Hessens und Thüringens.

Geographische Nähe und gemeinsame Geschichte vermögen das Gefühl der Zusammengehörigkeit von Nachbarn auch über politische Differenzen hinweg zu bewahren und zur Überwindung willkürlich gezogener Grenzen beizutragen. Ehe die beiden Bundesländer Hessen und Thüringen im Zuge der deutschen Wiedervereinigung zueinander finden konnten, hatten sich auf kommunaler Ebene die Städte Marburg und Eisenach über die trennenden staatlichen und ideologischen Grenzen hinweg einander angenähert. Beharrlich bemühte sich die „Elisabethstadt" Marburg seit 1972 eine Brücke zu der ihr geschichtlich verbundenen „Wartburgstadt" Eisenach zu schlagen. Dabei spielte das beide Städte und damit Hessen und Thüringen berührende Leben und Wirken der Landgräfin Elisabeth von Thüringen eine wesentliche Rolle.

In vielfacher Hinsicht bildet Hessen und Thüringen ein zusammenhängendes Gebilde; ihre kulturellen und wirtschaftlichen Gemeinsamkeiten überwanden die trennende Wirkung der politischen Grenzen. Nichts versinnbildlicht in der Geschichte deutlicher die Verbindung zwischen Hessen und Thüringen als die Handelsstraße von Frankfurt am Main nach Leipzig, kurz „des Reiches Straße", die weite Teile dieses Raumes wirtschaftlich erschloss. Auch die Sparkassen in Hessen und Thüringen knüpfen an die wirtschaftliche Einheit des Raumes an. So haben sich bereits 1992 beide übergreifenden Länder im Sparkassen- und Giroverband Hessen-Thüringen vereint, die kulturfördernde Stiftung der Sparkassen trägt daher auch konsequenterweise den Namen Sparkassen-Kulturstiftung Hessen-Thüringen. (Gemeinsam und gleichberechtigt stellen sie sich den Herausforderungen, die aus dem Zusammenwachsen dieses für Deutschland bedeutenden Wirtschaftsraumes resultieren.)

Im Jahr 2007 jährt sich der Geburtstag der Heiligen Elisabeth zum 800. Mal. Die ungarische Königstochter Elisabeth, Gemahlin des Landgrafen Ludwig IV., Stifterin des Hospitals in Marburg sowie radikale Vertreterin eines gelebten Evangeliums ist eine herausragende Gestalt der hessischen und thüringischen Geschichte. Ihr Lebensentwurf von vollständiger Armut, tätiger Caritas und selbstloser Hingabe übt noch heute eine große Faszination aus. Aus diesem Anlass wird sich eine Vielzahl von Veranstaltungen und Ausstellungen im Rahmen des Elisabethjahres an ihr Leben und ihr Wirken erinnern. Von besonderer Bedeutung ist dabei die auf der Wartburg in Eisenach gezeigte 3. Thüringer Landesausstellung „Elisabeth von Thüringen – eine europäische Heilige", die von der Sparkassen-Kulturstiftung Hessen-Thüringen gefördert wird.

Viele Spuren, die Elisabeth von Thüringen hinterlassen hat, finden sich in Form von Erinnerungsstätten. Bereits unmittelbar nach ihrem frühen Tod setzte eine Elisabethverehrung ein, die zahlreiche Orte der Erinnerung entstehen ließ, die auch heute noch von dieser bedeutenden Frauenpersönlichkeit des Mittelalters erzählen können. Mit dem Buch „Weil wir wie das Schilfrohr im Wasser sind" soll das Wirken der Patronin Hessens und Thüringens an den mit ihr verbundenen Kulturdenkmälern nachvollzogen werden. Ausgehend von den Residenzen der thüringischen Landgrafen, bei der die Wartburg und Eisenach eine hervorragende Rolle einnehmen, nähern wir uns Elisabeths Marburg.

Die Kirchbauten, die nach dem Bau der für die Elisabethverehrung zentralen Elisabethkirche in Hessen entstanden sind, zeigen die starke Anziehungskraft, die von dieser Persönlichkeit ausging. Dem im Mittelalter an Bedeutung gewinnenden Hospitalswesen, das sich auch an der frühen Hospitalsgründung Elisabeths in Marburg widerspiegelt, sind einige Beschreibungen gewidmet. Der Band eröffnet zudem einen Blick auf den eigentlichen Sinn der Denkmalpflege, der im öffentlichen Bewusstsein kaum wahrgenommen wird: Denkmalpflege als angewandte Geschichtswissenschaft, ihre Quellen sind die gebauten Zeugnisse der Vergangenheit. Möge dieses Buch „Weil wir wie das Schilfrohr im Wasser sind" dazu beitragen, sich der faszinierenden Persönlichkeit Elisabeths zu nähern, die bis heute Menschen lebendig und begeisternd anspricht.

Dr. Thomas Wurzel
Geschäftsführer der Sparkassen-Kulturstiftung Hessen-Thüringen

Einleitung

Erstmals geben das hessische und das thüringische Denkmalamt in diesem Jahr eine gemeinsame Broschüre zum Tag des offenen Denkmals heraus. Beide Länder haben in gleicher Weise Anteil an den mit der Person Elisabeths von Thüringen verbundenen historischen Stätten. An ihrem Gedenktag, dem 19. November 2007, können wir den Jahrestag ihres 800. Geburtstages feiern. Aus diesem Anlass veröffentlichen wir diese Sie das Jahr über begleitende Broschüre. Sie stellt Ihnen die Denkmäler in den beiden Bundesländern vor, die einen Bezug zu der thüringischen Landgräfin haben.

Die 1207 auf der Burg Sàrospatak als Tochter des ungarischen Königs Andreas II. und dessen Gattin, Gertrud von Andechs-Meranien, geborene Elisabeth wurde bereits im Alter von 4 Jahren als Verlobte Ludwigs IV., des Sohnes des Landgrafen Hermann I. von Thüringen, an den Hof ihres zukünftigen Ehemanns gebracht. Eine Residenz wird zu dieser Zeit die Wartburg gewesen sein. Hier wird auch am 6. Juli 2007 die 3. Thüringische Landesausstellung „Elisabeth von Thüringen – eine europäische Heilige" eröffnet werden. Die Neuenburg bei Freyburg an der Unstrut, die Runneburg bei Weißensee und die Creuzburg an der Werra sind weitere Residenzen, die zu dem Herrschaftsbereich des mitteldeutschen Reichsfürsten gehörten.

Ihre bereits in Thüringen aus inbrünstiger Frömmigkeit mit großem karitativem Einsatz betriebene Unterstützung der Armen wurde ihr nach dem Tod ihres Ehemannes Ludwig IV. im Jahr 1227 durch die landgräfliche Verwandtschaft untersagt, die den Verlust ihres Vermögens befürchteten. Die letzten Jahre ihres kurzen Lebens verbrachte Elisabeth in Marburg, wo sie mit Hilfe der Abfindungsmittel ihrer Verwandtschaft seit 1228 ein Hospital errichten ließ. Einige der Hospitalbauten dieser Zeit werden in diesem Buch vorgestellt.

Vor allem auf Betreiben ihres Schwagers Konrad von Thüringen erfolgte nur vier Jahre nach ihrem Tod schon 1235 in Perugia ihre Heiligsprechung. Konrad war es auch, der nach seinem Eintritt in den Deutschen Orden 1234 es erreichte, dass der Deutsche Orden Elisabeth zu seiner zweiten Schutzpatronin erwählte. Der Deutsche Orden übernahm zunächst das Marburger Hospital und ließ seit 1235 die Elisabethkirche als Wallfahrtskirche über Elisabeths Grab errichten. Neben diesen Bauten finden Sie deshalb auch Nachfolgebauten im Umkreis der Elisabethkirche sowie eine Reihe der im Zusammenhang mit der Heiligen stehenden Ordensbauten in dem diesjährigen Band.

Für die unmittelbar einsetzende Heiligenverehrung und den Reliquienkult sind ebenfalls einige Beispiele aufgenommen. Neben dem sogenannten Bußgewand sind es zum Beispiel die Darstellungen der sich schnell bildenden Elisabethlegenden in Glasfenstern, Wandmalereien wie in Mardorf oder Holzstatuen. In dieses Umfeld gehört auch die Rezeptionsgeschichte der Elisabethlegende, für die das Wandbild „Die hl. Elisabeth und ihr Zuchtmeister Konrad von Marburg" als Beispiel steht.

Dr. Monika Vogt als Autorin und Christine Krienke als Fotografin der hessischen sowie Hans-P. Szyszka als Fotograf der thüringischen Denkmäler stellen Ihnen die hier nur angedeutete Vielfalt der historischen Zeugnisse in den beiden Bundesländern lebendig vor Augen. Ihnen danken wir für die zahlreichen Anregungen, die uns das Jahr 2007 über begleiten. Bei der Sparkassen-Kulturstiftung Hessen-Thüringen bedanken wir uns für die großartige Zusammenarbeit und die finanzielle Unterstützung der Drucklegung.

Prof. Dr. Gerd Weiß
Präsident des Landesamts für Denkmalpflege Hessen

Dr. Stefan Winghart
Landeskonservator am Thüringischen Landesamt für Denkmalpflege und Archäologie

Weil wir wie das Schilfrohr im Flusse sind

Begegnungen mit der Heiligen Elisabeth in Hessen und Thüringen

Wer war sie denn nun, die Heilige Elisabeth von Thüringen? Ihre Gefährtin Agnes erzählt, dass sie alle Widrigkeiten des Lebens mit der ihr eigenen Innigkeit ertrug; Verachtung, Entbehrung, Erniedrigung und Armut. Selbst wenn sie gestraft wurde, nahm sie die Strafen demütig an. Und dann zitiert Agnes Elisabeths Worte:

„Es steht uns wohl an,
dass wir dergleichen gern aushalten,
weil wir wie das Schilfrohr im Flusse sind.
Steigt der Fluss an,
dann wird das Rohr gebeugt
und zusammengedrückt
und das überflutende Wasser durchdringt es,
ohne es zu verletzen.
Wenn dann die Überschwemmung nachlässt,
richtet sich das Rohr wieder auf
und wächst mit voller Kraft heiter und vergnügt.
So ziemt es uns auch immer,
dass wir gebeugt und gedemütigt werden
und nachher wieder heiter und vergnügt dastehen!"

Ist das ein erster Schlüssel zu ihrem Wesen? Die Hoffnung, dem Schilfrohr gleich, am Ende doch „heiter und vergnügt" dazustehen? Diese tiefe Sehnsucht, so wie Christus zu sein, eine entschiedene „Imitatio Christi" leben zu können? Zumindest wissen wir, dass Elisabeth die Worte Jesu aus der Liturgie der Osternacht als ihre Lebensregel betrachtete: *„So erfahre die Welt, was Du von Ewigkeit her bestimmt hast: Was alt ist, wird neu, was dunkel ist, wird licht, was tot war, steht auf zum Leben; und alles wird wieder heil in dem, der der Ursprung ist."*

Es ist nicht leicht, sich Elisabeth von Thüringen zu nähern. Sie entzog sich ihrer Umwelt, folgte ganz ihrem geistlichen Leitbild und lebte nach einem inneren Gelübde. Insofern ist das vertraute Bild der Heiligen immer nur ein distanziertes, das entschieden zu viele affektbezogene Elemente ihres kurzen Lebens ausgrenzt.

Wir wollen in diesem Buch einen ungewohnten Weg der Annäherung wagen. Wir wollen Sie mitnehmen auf eine Reise zu den vielen Kulturdenkmälern in Thüringen und Hessen, die mit dem Leben und der Geschichte Elisabeths verknüpft sind. Und die darum auf ihre ganz eigene Weise von der Persönlichkeit und der Bedeutung der Heiligen erzählen. Vielleicht erschließen sie ja mit ihrer Bild- und Formsprache etwas von dieser ungewöhnlichen Frau, deren Strahlkraft seit nunmehr 800 Jahren ungebrochen ist.

Räume zeigen oftmals, was Worte allein nicht zu verdeutlichen vermögen. Und so sind unsere Streifzüge durch Raum und Zeit nicht nur ein kulturelles Vergnügen, sondern zugleich eine Einladung, sich einer großen Persönlichkeit über die baulichen Spuren zu nähern, die ihr Leben hinterlassen hat. Sie können das tun, indem Sie dieses Buch lesen, noch viel reizvoller ist es natürlich, sich auf den Weg zu machen und die erinnerungsreichen Stätten selbst aufzusuchen. Es lohnt sich.

Die Zeit der Heiligen Elisabeth ist eine Zeit voller Spannungen. Das Christentum durchlebt im späten 12. und frühen 13. Jahrhundert zahllose Turbulenzen, die unerhört radikale und emotionale Folgen für die Gläubigen haben. Es kommt zu frommer Versessenheit und Obsession, zu Selbstverleugnungen, Geißelungen und Selbstzüchtigung. Die Hingabe und der Einsatz des eigenen Lebens werden als das einzige wahre Opfer eines Christenmenschen angesehen. Dazu zählen vor allem der Verzicht auf Besitz und das Engagement in der Armen-, Kranken- und Siechenfürsorge.

Die franziskanische Leidensmystik bewegte damals viele Menschen, und mancher Gläubige kasteite sich im Wunsch, mit Christus zu leiden (compassio) derart, dass er fast daran starb. Dabei spielte die Frauenmystik eine besondere Rolle, weil die mystischen Frauen, die dem „schwachen Geschlecht" zugeordnet wurden, sich zu besonderen Erfahrungen berufen sahen. Schließlich hatte schon der Apostel Paulus das schwache Geschlecht als von Gott erwählt bezeichnet. Zugleich fing man in dieser Zeit an, die

Passionsmeditationen zu feminisieren, indem man die Betrachter aufforderte, das Leiden Jesu mit den Augen Mariens anzuschauen. Hinzu kam, dass sich alle Mystiker nach einem innigen „Liebesverhältnis" zum Bräutigam Christus sehnten, so dass letztlich auch die Männer die Rolle einer Braut übernahmen.

Das geistig-ethische Training der Mystiker (sie streben nach der Erfahrung der göttlichen oder transzendenten Realität), allem voran die Askese, bestand darin, sich sittlich zu trainieren, bis die entsprechenden Tugenden eingeübt waren und man vor Gott so viele Verdienste erworben hatte, dass er einem seine Wundermacht verlieh. Welche Bedeutung diese Bewegungen hatten, erkennt man daran, dass die Zeit damals in einem Maß religiös und fromm war und dabei alle Menschen, Stände, Schichten, Gruppen umfasste, wie es später nur noch in der Epoche des Mittelalters gewesen ist. Zudem entstehen in Folge der mystischen Sehnsucht nach dem Mitleiden mit Christus die Bettelorden, die Bruderschaft der „Büßer von Assisi", die Franziskaner, die Dominikaner, verschiedene Spitalorden und das Beghinenwesen, die alle den Wunsch nach freiwilliger Armut umsetzen wollten.

Wenn wir von der Zeit Elisabeths sprechen, dann reden wir also von einem geistig und religiös erhitzten Klima und von einem Kult des physischen Leidens, der sich dem heutigen Menschen nur schwer erschließt. Eine solche exzessive Frömmigkeit (mit ihren spürbar körperlichen Folgen) ist für uns weder nachvollziehbar noch erklärbar. Sie bleibt also ein unauflösbares Phänomen, an dem das Vernunftverständnis scheitern muss.

Könnte die Psychohistorie uns erklären, was die Menschen damals bewegte? Schließlich geht es um ein lebensweltlich anderes, wie auch mystisches Verhalten. Jacob Burckhard skizzierte in seinem Versuch über die „Kultur der Renaissance in Italien" von 1860 in wenigen Strichen das Ende das Mittelalters als ein von *„Glauben, Kindesbefangenheit und Wahn verschleiertes Zeitalter"*. Habe sich der mittelalterliche Mensch nur „in irgendeiner Form des Allgemeinen" wie der Gemeinschaft oder der Familie erkannt, so sei er erst in der Renaissance zum *„geistigen Individuum"* erwacht und habe seine Umwelt aufgrund objektiver Betrachtung gestaltet. Sprich: Weil die Leidenskultur mehrheitsfähig war, entwickelte sie sich zu einem Gruppenphänomen, das noch nicht individuell hinterfragt wurde.

Die moderne Psychologie beschäftigt sich mit ähnlichen Erfahrungen in der Enthusiasmusforschung. Enthusiasmus ist ein wunderbares Wort, das sich aus dem Griechischen ableitet: *„En theos"* heißt „der innere Gott". Insofern stellt sich die Frage: War Elisabeth von Thüringen eine enthusiastische Persönlichkeit? Das zu wissen, wäre hilfreich, da Enthusiasmus nicht nur einen momentanen Zustand, sondern auch ein Persönlichkeitsmerkmal darstellt. Eine Charaktereigenschaft, die hilfreich, aber auch gefährlich sein kann. Einerseits setzt sie viel Energie frei – andererseits kann sie auch zu Rücksichtslosigkeit gegenüber sich selbst und anderen führen. Und der begeisterte, überschäumende Einsatz kann sich manchmal zur Manie steigern.

Die Forschung stellt fest: Enthusiasten sind nicht nur unglaublich neugierig, entschlossen, zukunftsorientiert, konzentriert und kreativ, sie reißen auch ihre Umgebung mit. Möglicherweise können wir uns die Person der Heiligen Elisabeth in einem weiteren Schritt auch über die Psyche erschließen.

Elisabeth wurde 1207 geboren, als Tochter des ungarischen Königs Andreas II. und dessen Gattin, Gertrud von Andechs-Meranien. Im Alter von vier Jahren wurde sie, was

damals keineswegs unüblich war, mit Ludwig IV. (nach einer Überlieferung zuerst mit dessen Bruder Hermann), dem Sohnes des Landgrafen Hermann I. von Thüringen verlobt und an den Hof ihres zukünftigen Ehemanns gebracht. Dieser residierte zumeist auf der Wartburg. Aber es gab auch noch einige andere Residenzen im Herrschaftsbereich des mitteldeutschen Fürsten, in denen die spätere Heilige oft zu Gast war: die Neuenburg bei Freyburg an der Unstrut, die Runneburg bei Weißensee und die Creuzburg an der Werra.

Der „freigebige" Landgraf gehörte tatsächlich zu den mäch-
tigsten Potentaten im Reich. Er war um die Erhaltung und
Mehrung seines Feudalbesitzes mit allen Mitteln bemüht
und als politischer Partner von gefährlicher Unzuverlässig-
keit. Der Dichtkunst verbunden, gewährte er an seinem Hof
vielen prominenten Epikern und Minnesängern wie Walther
von der Vogelweide und Wolfram von Eschenbach zeitweise
eine Heimat. Die dabei ausgefochtenen Gesangswettbewerbe,
wie der sogenannte Sängerkrieg auf der Wartburg, haben bis
heute nichts von ihrer Faszination eingebüßt. Seine Gattin,
die Landgräfin Sophie aus dem Geschlecht der bayerischen
Wittelsbacher, war eine Frau von ausgeprägter Frömmigkeit,
die nach dem Tode des Landgrafen in das Katharinenkloster
in Eisenach eintrat.

1221 heiratete die vierzehnjährige Elisabeth Ludwig, jetzt Landgraf von Thüringen und
Pfalzgraf von Sachsen, dem sie sehr zugetan gewesen zu sein schien. Beide verband
eine inbrünstige Frömmigkeit und er tolerierte ihre schon damals asketische Lebensweise
und ihre kräftezehrenden geistlichen Exerzitien. Bei ihrem zunehmenden karitativen
Einsatz, den sie mit den Jahren immer weiter ausbaute, fand Elisabeth bei ihrem
Gatten rege ideelle und finanzielle Unterstützung.

Der glücklichen Ehe entstammten drei Kinder: 1222 der Sohn Herrmann, 1224 die
Tochter Sophie, sowie 1227 Gertrud, die zu einem Zeitpunkt geboren wurde, als ihr Vater
bereits auf dem Kreuzzug verstorben war. Ludwig IV. hatte sich im Sommer 1224 zur Teilnahme an dem schon lange geplanten Kreuzzug von Kaiser Friedrich II. gemeldet. Nicht
nur als Anhänger der Staufer wird für den jungen Landgrafen die Teilnahme am Kreuzzug
etwas Selbstverständliches gewesen sein. Schließlich hatten sich auch seine nächsten
männlichen Verwandten als Kreuzfahrer ausgezeichnet. So hatte unter anderen sein Onkel
Landgraf Ludwig III., genannt der Fromme, am Kreuzzug von Kaiser Friedrich Barbarossa
teilgenommen. Auch sein Vater, Hermann I., hatte auf dem Reichstag in Gelnhausen das
Kreuzzugsgelübde abgelegt. Er war vor den Mauern von Akkon gewesen, wo er der Gründung
des Deutschen Ordens beigewohnt hatte und heil und unversehrt in die Heimat zurückge-
kehrt war. So viel Glück war seinem Sohn allerdings nicht beschieden: Er starb am 11. September 1227 im Alter von 27 Jahren in Otranto, wahrscheinlich an Typhus oder Malaria.

Ludwig hinterließ Elisabeth als schwangere Witwe, die nun gegen den unbeugsamen Widerstand der Thüringer Verwandten daranging, ihren radikalen Lebensentwurf von Armut, Keuschheit, Buße, Demut und Gehorsam zu verwirklichen. Hierfür war sie allerdings auf Hilfe angewiesen, die sie bei ihrem geistlichen Mentor fand: dem charismatischen Kreuzzugsprediger Konrad von Marburg. Ludwig hatte dem Geistlichen für die Zeit seiner Kreuzfahrt die Verwaltung der landgräflichen Kirchenlehen anvertraut. Elisabeth war wohl vor allem von Konrads radikal gelebter Armut fasziniert. Sie geriet in seinen Bann, der bis an ihr Lebensende im Jahr 1231 anhielt. Unter dem Eindruck der nahe bevorstehenden Kreuzzugsteilnahme ihres Mannes hatte Elisabeth zudem im Jahr 1226, im Beisein Ludwigs, ein zweifaches Treuegelöbnis abgelegt: Sie verpflichtete sich zu Gehorsam gegenüber Konrad und, im Falle des Todes ihres Gatten, zu ewiger Keuschheit.

Nach dem Tode des Landgrafen übernahm dessen jüngerer Bruder Heinrich Raspe die Herrschaft über die Wartburg. Er untersagte Elisabeth die von Ludwig nachdrücklich gebilligte Armenpflege, die das Vermögen der Familie mehr und mehr zu verschlingen drohte. Gleichzeitig entzog er ihr die vertraglich zustehenden Witwengüter. Erst im Zuge eines späteren Kompromisses wurde Elisabeth die Gründung eines Hospitals in Marburg ermöglicht. Hier unterstellte sie sich dem apostolischen Schutz des Papstes, der am Ort von ihrem Mentor Konrad selbst vertreten wurde und der nun die Rechte und Besitzungen seines Schützlings einforderte – mit Erfolg. Elisabeth erhielt für ihre Güter eine Abfindung sowie Ländereien bei Marburg zur Nutznießung. Im Sommer 1228 wurde dort mit dem Bau eines Hospitals für Arme und Kranke begonnen. Mit deren Pflege konnte

Elisabeth nun *„nach der höchsten Vollkommenheit streben"*, frei von ehelichen Banden und ständischen Verpflichtungen, gegen die sie schon als Heranwachsende ernste Aversionen empfunden hatte. Das Hospital wurde dem kurz zuvor, am 16. Juli 1228, heiliggesprochenen Franz von Assisi geweiht, dessen Lehren sich Elisabeth zeit ihres Lebens tief verbunden fühlte. In Eisenach hatten sich nämlich schon 1225 Franziskaner niedergelassen, mit denen die Landgräfin engen Kontakt hatte.

1231 starb Elisabeth. Schon am 27. Mai 1235 wurde sie in Perugia heilig gesprochen. Die Kanonisationsbulle *„Gloriosus in maiestate"* (Ruhmreich in Herrlichkeit) trägt das Datum vom 1. Juni 1235. Ein Jahr später erfolgte im Beisein von Kaiser Friedrich II. in der Hospitalkapelle von Marburg die Erhebung der Gebeine der Heiligen Elisabeth.

Der Kaiser war weitläufig mit Elisabeth, aber auch mit ihrem Mann verwandt, der als Vasall in seinen Diensten gestorben war. Dennoch ehrte er mit seiner Gegenwart nicht in erster Linie die Verwandte. Er sah in ihr vor allem die – wie er aus herrscherlichem Geschlecht stammende – Königsheilige. Deren Ruhm kam letztlich dem ganzen Adelsstand zugute. Auch der Deutsche Orden instrumentalisierte die neue Heilige: Mit seiner 1234 erfolgten Übernahme des Marburger Hospitals und der Errichtung der frühgotischen Ordens- und Wallfahrtskirche über Elisabeths Grab wählte er sich die Heilige, neben der Jungfrau Maria, zu seiner zweiten Schutzpatronin.

Hinweise auf wundersame, auf überweltliche Ursachen verweisende Ereignisse zeigen Elisabeth bis heute als Vermittlerin gegenüber dem Allmächtigen. Die Wunder sind und waren zugleich das Indiz der Heiligkeit. Gemeinsam mit mehreren Äbten und Magister Konrad hatte der Erzbischof daraufhin insgesamt sechzig derartige Schilderungen protokollieren und durch Zeugen beeiden lassen. Die Wunderberichte waren zusammen mit einer *„Summa vitae"*, einem Lebensabriss Elisabeths aus der Feder Konrads, an den Heiligen Stuhl gesandt worden. Bald darauf hatte Papst Gregor IX. ihnen, weil die Beglaubigung der Mirakelschilderungen allem Anschein nach die obwaltende Eile verriet, Regulative für die Verfahrensweise bei den Zeugenvernehmungen zugehen lassen. Dies legt die Vermutung nahe, dass das Kanonisationsverfahren mittlerweile eingeleitet worden war.

Dennoch war es vor allem Konrad von Marburg gewesen, der auf die Heiligsprechung Elisabeths hingewirkt hatte. Am 10. August 1232, also schon kurz nach ihrem Tod, hatte er die Anwesenheit des Mainzer Erzbischofs und mehrerer Prälaten in Marburg genutzt, um deren Augenmerk nachdrücklich auf die im Volk kursierenden Berichte von Wundern Elisabeths zu lenken.

Die neue Prüfungskommission hatte daraufhin ein Schreiben an den Papst überstellt, das nunmehr über 106 Mirakel berichtete, und zum Abschluss aller Untersuchungen noch einmal ein Verzeichnis überprüfter Wunder, deren Zahl inzwischen auf 129 angewachsen war. Ein Büchlein protokollierter Zeugenaussagen zu Leben und Sterben der Landgräfin, der sogenannte *„Libellus de dictis quatuor ancillarum s. Elisabeth confectus"* war ebenfalls hinzugefügt worden. Seit dem Tage ihres Todes wirkte die auserwählte

Dienerin Gottes in ihren Wunderwerken nämlich unerschöpflich weiter: Sie erlangte für die Blinden, Stummen, Tauben, Wassersüchtigen, Besessenen, Aussätzigen und für viele andere Gebrechen Heilung – sei es durch Gebete oder den Besuch des Grabes.

Der Wortlaut dieser Dokumente und Wunderberichte ist überliefert. In ihnen fand die besonders früh einsetzende Legendenbildung eine reichhaltige Materialsammlung. Die erste umfassende Lebensbeschreibung Elisabeths verfasste Dietrich von Apolda, ein Dominikaner aus Erfurt 1289/90, schon unter Einbezug des Legendarischen. Die bald verfassten Predigten und vielen Lebensbeschreibungen, die den Kult der Heiligen Elisabeth fördern sollten, erschienen in einer solchen Fülle, dass sie heute fast unüberschaubar sind. Trotzdem stehen all diese Handschriften für die Liebe zu der Heiligen, den Heiligen-kult und die Heiligenverehrung des Mittelalters und für die gewünschte Ausbreitung des Ruhmes. Viele Legendenschreiber gaben sogar die Quellen für ihre Nachrichten an, da sie sich verpflichtet fühlten, ein wahrhaft geschichtliches Bild der heiligen Persönlichkeit darzustellen. Inwieweit sie der Leichtgläubigkeit und Wundersucht ihrer Zeit zum Opfer fielen, ist allerdings nicht mehr feststellbar. So ist es bei Elisabeth wie bei vielen Heiligen: Ihr Leben wird in Erzählungen, Bildern und Riten überliefert, die gleichsam von der Hagiographie ummantelt sind.

Dennoch kann man aus der üppigen Verbreitung der Viten und Gebete, der Reliquienverehrung, den Ablässen, Festkalendern und Patrozinien, den Schenkungen und lebens-
nahen Darstellungen durchaus genügend Material schöpfen, um sich ein Bild von der
überaus wirkungsvollen Verbreitung des Kults zu machen. Denn, wie gesagt: Altarbilder,
Freskenzyklen, Wand-, Glas- und Buchmalereien sowie Tapisserien erzählen Episoden
aus dem Leben Elisabeths ohne Worte.

1234 trat Elisabeths Schwager Konrad in den Deutschen Orden ein und bewirkte,
dass der Papst das Franziskushospital an den Orden übertrug. Im gleichen Zug bekam
die Pfarrkirche in Marburg das Patronatsrecht. Damit wurde der Deutschorden zum
Hüter von Elisabeths Grab und Ruhm, und der Kult konzentrierte sich zunächst auf den
Sterbeort der Heiligen. Marburg wurde ein berühmtes Wallfahrtsziel. Gab es zunächst
Ablässe zu Ehren Elisabeths für den Besuch des Grabes und den Wundern, die sich dabei
ereigneten, so wurden sie bald auch
für den Bau der Elisabethkirche, der
Ordens- und Wallfahrtskirche, ausgestellt. Der Ruhm Marburgs drang
damals wahrhaftig weit, denn es
wurden europaweit Ablässe für den
Besuch am Tag der Weihe am 1. Mai
1283 der Elisabethkirche gewährt.

Der Deutsche Orden prägte das
Kultbild seiner Heiligen, das den
spirituellen und gesellschaftlichen
Anforderungen der Zeitgenossen
entsprechen sollte, von Anfang an.
Er sorgte so gezielt für eine gefilterte
Wahrnehmung Elisabeths: Er sang
ein hohes Loblied auf die Bedeutung
der Wunderzeichen und nutzte
liturgische Hymnen, Lese- und
Gesangstexte, Chorgebete und

Wand- und Glasmalereien als Ordenspropaganda. Aber auch die höchste geistliche Institution, der Papst, förderte die Verbreitung der Verehrung durch Feste, die Einrichtung der Elisabethtage und die Vergabe von Patrozinien.

Das dabei geförderte Kultbild betonte vor allem die Tugenden der Heiligen, ihre Gnadengeschenke, aber auch ihre angeborene Größe. Eine Gabe, die jetzt im Mittelalter von ausschlagender Bedeutung für die Heiligkeit einer Person wurde, war nämlich der Stand. Elisabeth war eine Königstochter und damit schon von Geburt an über das Volk hinausgehoben. Man findet kaum ein Schriftstück über die Heilige, das ihren Adelsstand nicht erwähnt. So schreibt etwa Friedrich II. an Bruder Elias, er verbreite mit seinem Brief den Ruhm einer Frau aus königlichem Geschlecht: *„Denn wir freuen uns, dass auch unser Erlöser Jesus Christus aus Nazareth aus dem königlichen Geschlecht Davids hervorgegangen ist, und die Tafeln des Alten Testamentes bezeugen, dass auch die Bundeslade nur von Adligen berührt werden durfte."*

Tatsächlich wird Elisabeth in dieser Zeit meist mit Nimbus und Krone dargestellt. In der ungarischen Königfamilie, die europaweit verzweigt war, galt Elisabeth (insbesondere bei den weiblichen Mitgliedern) als einzigartiges und nachzueiferndes Vorbild. Die königlichen Verwandten gaben zur Ehre Elisabeths, deren Glanz ja auf ihre Dynastie zurückstrahlte, große Kunstwerke in Auftrag. Sie stifteten Altäre, ließen Kirchen mit Szenen aus Elisabeths heiligem Leben ausstatten und bestellten Vitadarstellungen. Dabei verzichteten sie nie darauf, neben der gekrönten Heiligen das ungarische Wappen zu präsentieren.

Aber auch die Familie des thüringischen Landgrafen trug nicht wenig zur Entstehung und Ausbreitung des Kultes der Heiligen bei. Hatte sich schon Landgraf Konrad vehement um die Kanonisation Elisabeths bemüht, so ist späterhin die starke Verehrung Elisabeths sicherlich dem Einfluss ihrer Tochter Sophie, der Herzogin von Brabant, zuzuschreiben Sie nannte sich selbst meist voller Stolz „filia" oder „nata sanctae Elisabeth", die Tochter oder die von der Heiligen Elisabeth Geborene.

1247, nach dem Tod des letzten thüringischen Landgrafen, Heinrich Raspe, brachen heftige und lang andauernde Kämpfe um das Erbe aus. Dabei konnte die Herzogin Sophie für ihren kleinen Sohn Heinrich die hessischen Teile des Erbes behaupten. Sie berief sich dabei auf ihre Mutter und wusste die Ausstrahlung und den Ruhm der Heiligen politisch geschickt zu nutzen. Dies war zugleich der Anfang der Landgrafschaft Hessen und damit in gewisser Weise die Geburt des heutigen Bundeslandes Hessen.

Der jüngsten Tochter Elisabeths, Gertrud, Prämonstratenser-Priorin des Klosters Altenberg, gewährte Papst Klemens VI. von Avignon 1348 die kirchliche Verehrung, was fak-

tisch einer Seligsprechung gleichkam und vielerorts geradezu zur Heiligenverehrung führte. Ob es dazu gekommen wäre, wenn sie nicht durch ihre Mutter schon einen besonderen Nimbus mitgebracht hätte, ist fraglich. Beide Töchter waren allerdings im Besitz von Berührungsreliquien der Mutter, und schon dieser Umstand war kultfördernd. Übrigens gaben fast alle Nachfahren Elisabeths auf ihren Siegeln, Münzen und Grabplatten das Verwandtschaftsverhältnis zu ihrer Familienheiligen an.

Die Zeitgenossen beeindruckte neben den Wundern und dem leidenschaftlichen Streben Elisabeths nach der „Imitatio Christi" sicherlich auch der starke Gegensatz zwischen ihrer sozialen Selbsterniedrigung und ihrer Abstammung aus dem europäischen Hochadel. Zumindest fand diese Haltung noch lange ihre Entsprechung in zahlreichen religiösen Bewegungen des hohen Mittelalters. In Deutschland, Frankreich, Italien und Belgien suchten Frauen aus Kreisen des Adels sowie des städtischen Patriziats die religiöse Erfüllung ihres Daseins in der Verachtung des materiellen Wohlstands, in der Armut, in der Ehelosigkeit, in der Selbsterniedrigung, in karitativem Wirken und dem Erlangen des Lebensnotwendigen durch Almosen oder körperliche Arbeit. Der Verzicht sollte ihnen zum Verdienst gereichen.

Nicht vergessen darf man bei all diesen Betrachtungen, dass jede Zeit ihr eigenes Heiligenideal hat. Die Antike rühmte die besondere Standhaftigkeit der Märtyrer, das frühe Mittelalter die Einsatzfreudigkeit der Missionare und das hohe Mittelalter den heiligen Ritter und Herrscher. Das früheste Ideal für ein gottgerechtes Leben wurde allerdings schon vom Apostel Paulus aufgestellt, nämlich das der Jungfräulichkeit. Die Jung-

frau sollte sich ganz und ungeteilt dem Herrn hingeben und sich in nichts Weltliches verstricken. Nach den schweren Christenverfolgungen mit zahlreichen Märtyrerinnen wurde darum das asketische Ideal besonders gepflegt. Der Kirchenvater Hieronymus fordert von den Jungfrauen ernsten Sinn, Schweigsamkeit und Abtötung, von den Frauen Weinen, Enthaltsamkeit und Gebet. Der missionarische Heiligkeitsbegriff forderte zwar vor allem tätige Nächstenliebe – von den Fürstinnen allem voran die Sorge für Kirchen und Klöster, sowie für Arme und Gefangene. Das asketische Ideal lebte aber weiter: Mit den Franziskanern setzte die Idealisierung der Armut ein und die Rückbesinnung auf die Tugenden der Verinnerlichung, der Geduld und der Sanftmut; freilich auch das der Selbsterniedrigung und des ewigen Büßertums.

Der Kreuzzugsprediger und Bischof von Akkon, Jakob von Vitry, verfasste 1215 eine *„Vita Mariae Oigniacensis"*, in der er in Anlehnung an das neutestamentarische Gleichnis vom Samen, der unterschiedliche Frucht bringt, die zu seiner Zeit aktuellen Formen des weiblichen (Ordens-)Lebens beschreibt. Demnach führen in Armut und Bescheidenheit lebende Jungfrauen das gottgefälligste Leben und ernten hundertfachen Lohn. Ehefrauen hingegen, die mit Zustimmung ihrer Männer enthaltsam leben, werden nur dreißigfach belohnt. Zwischen beiden steht die Witwe, die, wenn sie auf eine neue Heirat verzichtet und sich durch die Pflege von Kranken und Armen in Barmherzigkeit übt, sechzigfachen Lohn erntet. Elisabeth werden diese Lebensmodelle bekannt gewesen sein. Zu verwirklichen waren sie für sie zur Zeit ihres Ehestandes gleichwohl nicht. Obwohl sie ihren Gatten sehr geliebt zu haben schien, bot ihr sein früher Tod auf dem Kreuzzug endlich die Möglichkeit, radikal jenes Lebensmodell zu verwirklichen, das ihr alles bedeutete: die asketische Krankenpflege in Armut.

Während die ersten bildlichen Darstellungen Elisabeth als Landgräfin mit dem Marburger Kirchenmodell zeigen und man sich bemühte, sie als Franziskanerheilige zu beanspruchen, setzten sich zum Ende das Mittelalters Motive durch, die sie in bürgerlicher Witwentracht bei der Gabenausteilung zeigen. Sie war endgültig von ihrer Burg herabgestiegen und eine von denen geworden, denen sie helfen und Mutter sein wollte. Elisabeth erfüllte damit das Postulat des „geistigen Opfers", das Opfer des Herzens, das innerem Lob und Dank entspringt und sich in radikalem Selbsteinsatz für Gott und die Mitmenschen hingibt.

Dies ist von besonderer Bedeutung, weil Bilder lange Zeit die Bibel der Illiteraten waren. Und nicht nur das. Sie galten selbst als wundertätig, das heißt, man war der Überzeugung, sie vermöchten sich zu bewegen und zu reden, sie rächten sich für Verletzungen und begännen bisweilen zu weinen oder gar zu schwitzen. Kurzum: Bilder waren nicht nur Abbildungen, sie galten als lebendig. Das urreligiöse Potenzial von Bildern übte daher eine ungeahnte Kraft auf die Menschen aus und war mehr als prägend. Man ging davon aus, dass eine Kultperson in ihrer Abbildung real präsent sei, was zu einer kaum nachvollziehbaren Verehrung von Kunstwerken führte, die beinahe Sakramentsstatus bekam.

800 Jahre trennen uns von dieser zutiefst frommen Welt. Doch auch wenn wir uns im großen Elisabeth-Gedächtnisjahr die beglückend vielfältigen Kunstwerke jener Zeit (Zeugnisse und Dokumente) mit einer gewissen religiösen Erfahrung aneignen oder sie zuallererst als nüchterne, aufgeklärte Kunstliebhaber betrachten, wird uns die Aura des Erhabenen begleiten. Kulturdenkmale und Kulturgut sind Zeichenträger. Sie sind auf ihre Art Zeitzeugen, die etwas von der Vergangenheit ins Heute transportieren. Wir spüren den Atem der Authentizität, des Zeitgeistes einer eben gar nicht so lang verklungenen Epoche und tauchen ein in das Selbstbildnis der mittelalterlichen Gesellschaft. Wandern Sie im Geist oder auf den hessischen und thüringischen Straßen mit uns zu einer Persönlichkeit, deren Leben beispielhaft war.

Die Miniaturen aus dem 14. Jahrhundert stellen Szenen aus dem Leben der Heiligen dar, denen der Leser in diesem Buch immer wieder begegnet. Die Elisabeth-Miniaturen werden aufbewahrt in der Deutschen Bibliothek, Deutsche Bücherei Leipzig.

Herrliche Engelsgesänge

Der Landgrafenpsalter

Es ist selten, dass von einem Heiligen des Mittelalters nicht nur Säkundärreliquien, also Gegenstände aus seinem täglichen Leben erhalten sind, sondern auch Kunstdenkmäler, die er selbst nachweislich besessen oder zumindest gesehen hat. Im Falle der Heiligen Elisabeth sind das gleich drei bedeutende Bildhandschriften, darunter der berühmte Landgrafenpsalter, der wohl für ihre Schwiegermutter, Sophia von Thüringen, gefertigt wurde. Erkennbar wird das vor allem an den darin enthaltenen Familienbildern. Eines zeigt Sophia und ihren Gemahl Landgraf Hermann, eines das ihnen durch die Verlobung ihres Sohnes Ludwig mit Elisabeth verbundene ungarische Königspaar Andreas und Gertrud und eines das mit beiden Familien verwandte Königspaar Ottokar und Constantia – er ein Vetter Hermanns, sie eine Schwester des Andreas.

Alle drei überkommenen Handschriften enthalten hauptsächlich Psalmen. Derartige Lob- und Bittschriften des alten Testaments wurden in der jüdischen Liturgie sowohl im Tempel als auch in der Synagoge verwendet und gelangten mit der Zeit in den christlichen Gottesdienst, später in die Tagesgebete der Ordens- und Weltpriester. Sie wurden freilich auch für Laien das Gebetbuch schlechthin.

Zur hohen Wertschätzung der Psalmen schreibt Anselm von Laon (12. Jh): *„Die Psalmen enthalten mehr Glaubensgeheimnisse als die übrigen Bibelbücher und sagen in Kürze vielerlei, worin das ganze Gesetz, die Propheten und das Evangelium schon enthalten ist."* Und an anderer Stelle: *„Das Singen der Psalmen ruft die Engel zu Hilfe und vertreibt die Dämonen. Alles lehrt der Psalter, alles bezeichnet er – prophetisch auf Christus gedeutet – alles Böse vernichtet er. Wer ihn, den Psalter, kennt und liebt, dessen Gebet geht nicht verloren, sondern am Ende, das heißt nach seinem Tod beziehungsweise nach dem Weltgericht, wird er in Freuden bei Gott sein."* Solche, leicht zu vermehrenden Lobsprüche auf die Psalmen und entsprechende Psalmgebete erklären die hohe Wertschätzung, die sie auch bei den Laien genossen. Insofern wundert es auch nicht,

Sophia und Landgraf Hermann

dass dieser Psalter in Unmengen von separaten Abschriften überliefert und oft mit Bildschmuck von hoher Qualität versehen ist. Weil man die Psalmen zugleich für eine Vorausschau auf Jesus den Erlöser sah, enthalten Psalterien im Regelfall Bilder aus dem Leben Christi – entweder als separaten Zyklus oder in der Zuordnung zu bestimmten Psalmen.

Oft fügte man darüber hinaus allen oder einigen Psalmen Anweisungen in Latein oder in der jeweiligen Volkssprache hinzu, die erläuterten, bei welchen Anliegen der Psalm gebetet werden soll; etwa beim Kreuzzug eines Freundes, bei Teuerungen, in Ängsten, gegen Neider, bei Bestattung eines Toten, zum Trost der armen Seelen oder zu Ehren des jeweiligen, als Schutzpatron gewählten Apostels.

Übliche Bestandteile bei Privatpsalterien waren damals ein Heiligenkalender, Lobgesänge der Bibel und der Kirche und eine Litanei am Schluss; außerdem das Totenofficium und zum Teil nachgetragene persönliche Gebete. Sie belegen, wie die genannten Beischriften, dass der Psalter wohl auch in die Kirche mitgenommen wurde, um während der Messe die Psalmen und vor dem Sakrament Gebete zu sprechen. Entsprechend erscheint er als Attribut vornehmer Frauen – etwa bei den Naumburger Stifterinnen und bei der stehenden Elisabeth an ihrem Schrein in Marburg.

Das ungarische Königspaar: Gertrud und Andreas

Das böhmische Königspaar: Ottokar und Constantia

© Bildarchiv Foto Marburg

Die Ausstattung des Landgrafenpsalters ist durchgehend von hoher Qualität und sorgfältig gearbeitet (einige Miniaturen zwischen Kalender und Psalmen sind eventuell verloren gegangen) und die Illustration ist von besonders feiner und zurückhaltender Art. Wie in zahlreichen Handschriften steht ein Apostel neben jeder Kolumne der Kalenderseiten, während man über ihnen eine charakteristische landwirtschaftliche Tätigkeit des jeweiligen Monats sieht. Zu den Hauptpsalmen (wie zu Psalm 119, der hier gezeigt wird) finden sich außer Rankeninitialen ganzseitige Miniaturen aus dem Leben Jesu, die von der Taufe bis zum Weltgericht führen. Zur Litanei gehören die Dreifaltigkeit, einige Heilige, zwei Bischöfe, die das Lamm Gottes verehren sowie die erwähnten Familienbilder: das Landgrafen- und das ungarische Königspaar.

Die Wahl der Paarabbildungen war in dieser Verbindung eminent politisch, da sich die Herrscherhäuser ja zeitweilig gegen Otto IV. verbündet hatten. Zugleich ergeben sich aus ihnen aber auch genauere zeitliche Indizien: 1210 wurde Elisabeth verlobt, 1213 starb ihre Mutter. Dass Gertrud danach noch als Lebende dargestellt worden wäre, ist wenig wahrscheinlich. Das hier gezeigte Bild kommt übrigens direkt vor dem Totenofficium. Es wurde gewählt, weil in ihm am ehesten ein Widerschein der Kultur und Lebensfreude spürbar wird, die den thüringischen Hof unter Landgraf Hermann auszeichneten. Der kulturbeflissene Herrscher wird zwar von den dort weilenden Dichtern und Sängern wiederholt gepriesen, in Bildern ist uns diese künstlerische Begeisterung sonst nicht mehr fassbar. Insofern zählt der Landgrafenpsalter, auch wegen des in Art und Umfang einmaligen Bilderschmucks, zu den bedeutendsten mittelalterlichen Zeugnissen – und naturgemäß auch zu den Schätzen deutscher Buchkunst. Allein durch seine Größe und den prunkvollen Einband wirkt das private Gebetbuch wie ein liturgischer Prachtcodex. Das Repräsentationsbedürfnis und das Kunstinteresse des hochrangigen Auftraggebers bedingten die einzigartig qualitätsvolle Beschaffenheit, die die Kunst des 13. Jahrhunderts so nachhaltig formen sollte.

Bedeutend ist der Psalter aber auch, weil er eine Stilistik begründete, die ein bemerkenswert vielbeschäftigtes Skriptorium prägen sollte, die erstmals 1897 von Arthur Haseloff zusammengefasste „Thüringisch-sächsische Malerschule". Sie schuf neben dem „Landgrafenpsalter" zahlreiche weitere Prachtpsalterien, deren Wirkung unmittelbar auf das Harzvorland, auf Schlesien und Franken verweisen. Wegen der vielfältigen in sich verarbeiteten Einflüsse, vor allem aus dem byzantinischen Kunstkreis und aus England, sind der so genannte Elisabethpsalter und der Landgrafenpsalter im Bereich der Handschriften eine Gelenkstelle zur mittelalterlichen europäischen Kunst.

Erbaut nach höfischem Ideal

Die Burgresidenzen der thüringischen Landgrafen

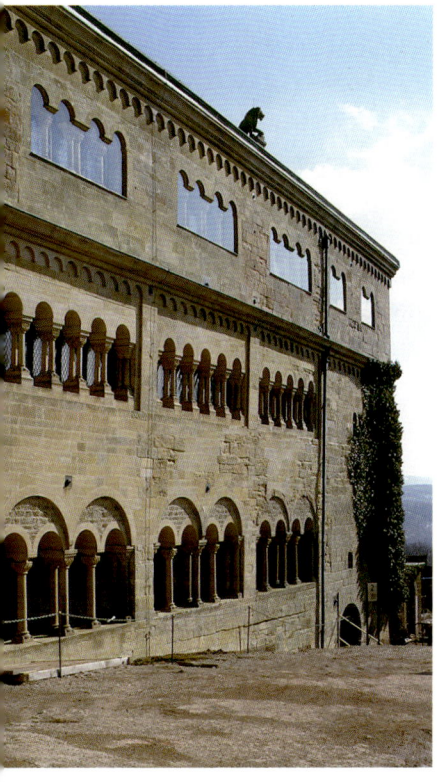

Rund 200 Jahre währte die Herrschaft der Ludowinger in Thüringen, 125 davon regierten sie zugleich in Hessen. Insofern ist diese Zeit ein gemeinsamer Höhepunkt der hessischen und der thüringischen Geschichte im Mittelalter. Ihr Ende in der Mitte des 13. Jahrhunderts bildete einen deutlichen Einschnitt in der Geschichte beider Länder.

Die nach ihrem Leitnamen Ludwig als Ludowinger bezeichneten Landgrafen gehörten allerdings nicht zu den alten, einheimischen Grafengeschlechtern Thüringens. Den bescheidenen Beginn ihres Aufstiegs bildete wohl eine kleine Grundherrschaft, die der Stammvater Ludwig der Bärtige Mitte des 11. Jahrhunderts am Nordrand des Thüringer Waldes erwarb. Er vergrößerte das Gelände durch Rodung der Wälder und sicherte es durch den Bau der Schauenburg bei Friedrichroda. Durch geschickte Besitz- und weitsichtige Familienpolitik bauten seine Nachkommen dann eine ansehnliche Herrschaft inmitten der alteingesessenen thüringischen Dynasten auf. Schon der Sohn Ludwig des Bärtigen, Ludwig der Springer, setzte dabei die entscheidenden Schwerpunkte, in dem er am westlichen Eingang des Thüringer Beckens auf hersfeldschem Klostergut die Wartburg und am Ausgang des Beckens im Osten die Neuenburg an der unteren Unstrut errichtete. Die beiden weit auseinander liegenden Besitzkomplexe zu verbinden, wurde dann die große Aufgabe seiner Nachfolger. Außerdem schuf der Sohn nach dem Vorbild hochadliger Standesgenossen mit dem Hauskloster Reinhardsbrunn (1085) auch einen geistlich-kirchlichen Mittelpunkt seines Herrschaftsgebiets – und damit zugleich eine markante Grablege für das streng kirchlich gesinnte Geschlecht.

Im 11. Jahrhundert trat der Burgenbau in eine neue entscheidende Phase, da in jener Zeit die Burgen bereits grundsätzlich aus Stein errichtet wurden und ständig bewohnt waren. Außerdem galt das Errichten von Burgen bis dahin noch als Königsrecht („königliches Befestigungsregal"). Die Schwächung der königlichen Macht führte nun zum Bau einer

Reihe von Burgen durch kleinere Territorialgewalten. Die Periode zwischen den Jahren 1150 und etwa 1300 kann wohl als der Höhepunkt des Burgenbaus in Thüringen angesehen werden; sowohl in quantitativer, als auch in qualitativer Sicht. Dabei hatten die Burgen der Thüringer Landgrafen bald eine herausragende und weit über die Region hinausreichende Bedeutung. Mit dem Aufstieg zum Hochadel des Reiches wuchs unter den ludowingischen Landgrafen im 12. Jahrhundert die Absicht, durch einen besonders aufwendigen Ausbau der Burgen ihre Macht zu symbolisieren. Dies war für die damalige Zeit ein durchaus „normaler" Vorgang, da das Weltbild des mittelalterlichen Menschen überwiegend durch markante Symbolik geprägt wurde. Außerdem zeichnete sich seit jener Zeit beim Adel ohnehin die Tendenz zur Schaffung eines Bautypus von Burg ab, der sich am ritterlichen und höfischen Ideal orientierte. Daher deutet auch einiges darauf hin, dass die ludowingische Bautätigkeit entscheidende Impulse für die später gemeinhin als „staufisch" bekannte Baukunst gab.

Architektonische Höhepunkte und Besonderheiten jener Zeit sind vor allem die Palasbauten der Wartburg und der Runneburg in Weißensee. Der Palas der Wartburg ist nach dem gegenwärtigen Forschungsstand wohl der erste Palasbau in Deutschland. Bei den Bauten wurden unter anderem verschiedene Materialkombinationen ausprobiert. Für repräsentative Muster und farbwechselnde Flächengliederungen verwendete man dabei gern rotes und weißes Steinmaterial. Dies konnte vor allem auf der Wartburg nachgewiesen werden. Strukturierte Werksteine oder Steinfugen (zum Beispiel in Fischgrätenform) sind ebenfalls aus der Erbauungszeit der Runneburg und der Wartburg bekannt.

Foto: Rainer Salzmann

„Wart' Berg, du sollst mir eine Burg werden!"

Die Wartburg als Keimzelle des ludowingischen Machtbereichs

„Wie die Wartburg erbauet ward." Das beschreibt uns mit anregenden Worten der thüringische Märchen- und Sagendichter Ludwig Bechstein 1853 in seinem Deutschen Sagenbuch: *„Als Graf Ludwig, Ludwig des Bärtigen Sohn und später zubenamt der Springer, von seiner Schauenburg durch das Tal ritt, in dem er hernach das Kloster Reinhardsbrunn gründete, so kam er das Hörselthal entlang, der Spur eines Wildes folgend, und ward durch den Anblick eines Felskegels überrascht, der sonnig angestrahlt, sich hoch über die Nebel hob, welche die Täler einschleierten. Der junge Graf hielt sein Roß an, sann und dachte und sprach es laut: Wart' Berg, du sollst mir eine Burg werden."* Seine Quelle, die „Düringische Chronik" des Klerikers Johannes Rothe aus dem frühen 15. Jahrhundert, gibt auch das Jahr des Geschehens an: „Noch Christus gebort tußend 67 jar".

Zum Zeichen seiner Besitzergreifung ließ Ludwig angeblich Erde von seinem Eigengut auf den Gipfel tragen. Zwölf Ritter stießen ihre Schwerter in die Erde und schworen, dass der Boden dem Grafen gehöre. Das angegebene Baujahr 1067 ist nicht zu verifizieren, gleichwohl darf angenommen werden, dass die Wartburg in jenen Jahren entstanden ist. Die erste gesicherte Erwähnung des Baus stammt aus dem Jahr 1080 und weist darauf hin, dass sich die Burg im Besitz der Ludowinger befand. Von dieser Höhenburg aus, die wegen ihrer Lage auf einem steilrandigen Felsplateau nie eingenommen wurde, kontrollierten die Landgrafen von Thüringen den Hauptzugang zum Thüringer Becken, nämlich die große Verbindungsstraße von Frankfurt am Main über Eisenach und Erfurt in die Neusiedelgebiete des deutschen Ostens. Über die am Fuße der Burg vorbeiführende Hohe Straße ging ein wesentlicher Teil des gesamten deutschen Ost-West-Verkehrs.

Die Wartburg bildete zunächst die eigentliche Keimzelle des entstehenden ludowingischen Machtbereichs und avancierte ab Mitte des 12. Jahrhunderts zu einer der prachtvollsten Residenzen in der thüringischen Landgrafschaft. Das Geschlecht von Wartburg ist ab 1155 sicher nachzuweisen. Ludwig II. von Wartburg wird 1196 als Vasall („nobilis homo noster") des Landgrafen bezeichnet. Wenn ein Fürst mehrere Burgen besaß, wurden, da er sie nicht alle bewohnen konnte, in der Regel einige als Lehen an Vasallen gegeben. Die thüringischen Landgrafen hatten sich die Wartburg bewusst als westlichen Eckpfeiler ihres Territoriums geschaffen. Nicht nur durch Rodung im Burgbereich, auch durch geschickte Politik, konnten die Landgrafen diesen Teil ihres Territoriums beständig weiter ausbauen und befestigen.

Als Elisabeth nach Thüringen kam, nutzten die Ludowinger die Wartburg allerdings noch nicht als Hauptresidenz, sie war vor allem eine starke Festung in der Nähe Eisenachs. Landgraf Hermann I. (1190-1217) hatte mit dem repräsentativen Ausbau begonnen, und erst unter Ludwig IV., Elisabeths späterem Ehemann, wurde (mit der Fertigstellung des Palas um 1224) die Wartburg als Wohnort für die fürstliche Familie genutzt. Sie blieb dann bis in das 15. Jahrhundert hinein die Hauptresidenz der thüringischen Landgrafen.

Landgraf Hermann I. war neben dem Herzog von Österreich einer der wichtigsten Förderer der großen Dichter und Minnesänger des deutschen Hochmittelalters. 1203 etwa hielt sich Wolfram von Eschenbach am Hofe des Landgrafen auf der Wartburg auf und hat hier möglicherweise einen Teil des Parzival gedichtet. Der Minnesänger Walther von der Vogelweide hat den Landgrafen und das bunte Leben an dessen Hofe sogar in einem

seiner Lieder gepriesen. Verschiedenen Quellen über die Fürsorge des Landgrafen für die fahrenden Künstler seiner Zeit verbanden sich später zur Sage vom Sängerkrieg auf der Wartburg. Ja, es ist sogar sehr wahrscheinlich, dass es hier auch solche Sängerwettstreite gab, die bei den provenzalischen Troubadouren damals längst üblich waren. Die Rolle der Heiligen Elisabeth im Sängerkrieg ist dagegen sicherlich unhistorisch. Die vierjährige Tochter von König Andreas II. von Ungarn kam 1211 nach Thüringen und hat einige ihrer Kinderjahre auf der Wartburg verbracht. Das früheste Ereignis aus dem Leben Elisabeths, das mit der Wartburg sicher verknüpft werden kann, dürfte zweifelsohne die Geburt ihres zweiten Kindes Sophie im März 1224 gewesen sein, für die man auf der Burg hoch über Eisenach, so die Chronik, besondere Vorkehrungen getroffen hatte.

1857, Richtfest des Bergfrieds

Das ausgehende Mittelalter teilt uns wenig Spektakuläres über die Geschichte der Wartburg mit, doch am 4. Mai 1521 trat gegen 11 Uhr nachts ein gewisser Martin Luther in die Wartburg ein. Damit wurde die Burg für ein knappes Jahr zur Heimstätte des flüchtigen Reformators, eine Ruhezeit, die durch seine hier entstandene Übersetzung des Neuen Testamentes ins Deutsche zu seinem eigentlichen Durchbruch führen sollte.

Die Aufenthalte der ländgräflichen Familie auf der Wartburg wurden dagegen immer seltener. Mitte des 16. Jahrhunderts gab es noch einmal Pläne, die Burg zu einer Festung auszubauen, doch schon 1560 sind auf der Burg keine Amtmänner mehr nachweisbar. 1741-1918 gehörte sie zu Sachsen-Weimar. Seit 1922 ist sie im Besitz der Wartburg-Stiftung. Freilich blieb die Erinnerung an die Heilige Elisabeth, Luther und das Wartburgfest stets wach.

Durch seine romantische Gestimmtheit angeregt, beschloss Großherzog Carl Alexander von Weimar im Jahr 1838, die stark verfallene Burg wieder herzustellen. Allerdings dachte er dabei keineswegs an eine moderne denkmalpflegerische Bewahrung, sondern er wollte die Burg mit Hilfe von Ergänzungen durch neue Bauteile zu einem historisch-politischen Monument des deutschen Geistes ausgestalten. Die Burg durfte nicht vollkommen „alt" sein, sondern sollte geschichtliche Reminiszenzen wecken. Der Großherzog und seine Helfer, der Architekt Hugo von Ritgen, der Maler Moritz von Schwind und die besten Restauratoren jener Zeit „verrestaurierten" die Wartburg also nach ihrem Wunschbild. Dabei wurde ihr optischer Eindruck grundlegend verändert. Bei der Beurteilung der Restaurierung, die erst 1890 abgeschlossen wurde, muss man allerdings berücksichtigen, dass Carl Alexander die Burg zu bewohnen wünschte.

Das Landgrafenhaus nach der Freilegung der Arkaden. Lithografie nach C. Patzschke, 1847

Während die Restauratoren oft ins Pathetische abglitten, hat Moritz von Schwind in seinen Fresken aus Geschichten und Sagen der Landgrafschaft einen naiven, gelegentlich durchaus auch ironischen Romantizismus bewahrt. In einem kolossalen „Wartburg-Buch" dokumentierten der Großherzog und seine Mitstreiter abschließend ihr Werk. Und obwohl sich die Wartburg durch die Eingriffe vom ursprünglichen Erscheinungsbild einer mittelalterlichen Burg weit entfernt hatte, ist sie zum Inbegriff einer deutschen Burg schlechthin geworden.

Die von Carl Alexander ausgelöste Wartburg-Begeisterung nahmen die Zeitgenossen gerne auf: Den Eindruck, den Richard Wagner 1842 von Paris kommend, von der Wartburg bekam, verarbeitete er im dritten Akt des „Tannhäuser", während Franz Liszt das

Oratorium „Die Legende von der Heiligen Elisabeth" komponierte, das 1867 zur 800-Jahr-Feier der Burg im Festsaal des Palas aufgeführt wurde.

Die Baugeschichte der Wartburg ist unerhört reizvoll und so umfassend, dass sich hier einer erschöpfenden Würdigung nicht hingegeben werden kann. Die Hauptstücke der bestehenden Anlage sind jedenfalls im 12. Jahrhundert entstanden, wie man am Palas und an Resten im Torhaus sehen kann. Der Palas ist bis heute das eindrucksvollste Baudenkmal der Burg. Die beiden unteren Geschosse gehen wahrscheinlich in die Zeit Ludwigs III. zurück, das obere dürfte um 1200 fertiggestellt worden sein. Die über 200 Kapitelle sind nicht nur eine vorzügliche Steinmetzleistung, sie zeugen auch von dem unerhörten Rang, den die ludowingischen Landgrafen in der Kultur ihrer Zeit einnahmen. Die nördlichen Burggebäude (Ritterhaus, Vogtei, Wehrgänge) stam-

men im Wesentlichen aus der zweiten Hälfte des 15. Jahrhunderts, einer Zeit, in der die Vernachlässigung begann und die Baufälligkeit gefährlich zunahm. Das Leben auf einer Burg war damals absolut nicht mehr zeitgemäß. Weimar und Gotha hatten sich zu Residenzen der thüringischen Wettiner entwickelt und liefen als aufblühende Städte der aus der Mode gekommenen Höhenburg den Rang ab. Seit 1999 gehört die Wartburg, die das Landschaftsbild des Thüringer Waldes in einzigartiger Weise schmückt und prägt, zum Weltkulturerbe. Zwar ist von der Burg, in der Elisabeth aufgewachsen ist, nicht mehr viel

zu sehen, ein Besuch ist im Elisabethjahr gleichsam unerlässlich.

Zumindest einige besonders herausragende Leistungen großer Dekorationskunst sollen hier noch kurz vorgestellt werden: Das Innere des Palas besteht in den beiden unteren Geschossen aus jeweils einem rechteckigen Saal zwischen zwei annähernd quadratischen Räumen.

Im Erdgeschoss diente der Mittelsaal als „Speisesaal" mit Balkendecke, die flankierenden Räume sind mit Kreuzgratgewölben auf einer Mittelsäule gestaltet: Nördlich findet sich der „Rittersaal", südlich die Elisabethkemenate mit Glasmosaiken, die 1902-06 nach Entwürfen von August Oetken geschaffenen wurden. Die Elisabethkemenate – in alten Beschreibungen des 17. Jahrhunderts bereits „Fräulein Elisabeth Caminstuben" genannt – könnte analog zum Rittersaal, dem Gemach des Burgherrn, der Aufenthaltsort der Herrin des Hauses gewesen sein. Das prächtige Glasmosaik zeigt Szenen aus dem Leben der Heiligen Elisabeth, darunter die Verlobung der ungarischen Prinzessin mit dem jungen Landgrafensohn. Für das Abgebildete ist die Bezeichnung „das symbolische Beilager" allerdings zutreffender. Die Verlobung Unmündiger wurde zu jener Zeit erst mit der Ehefähigkeit wirksam. Elisabeth war vier und der potentielle Ehemann Ludwig elf Jahre alt. Darum wurde nach alter Sitte die zukünftige Braut demonstrativ auf das Bett ihres designierten Ehemannes gelegt. Die Verlobung erhielt durch dieses symbolische Beilager kanonisches Recht.

Im Mittelgeschoss des Palas liegt der „Sängersaal" mit seiner dreibogigen Sängerlaube, die als Motiv in Moritz von Schwinds „Wandbild vom Sängerkrieg" wiederkehrt. 1873 wurde das Kunstwerk in Schloss Neuschwanstein kopiert, da man sich wünschte dort eine Kopie des Wartburgfestsaales als „Sängersaal" zu gestalten. Die Sängerlaube, eine Art Bühnenkulisse an der Nordwand des Saales, ist allerdings eine Zutat des 19. Jahrhunderts. Die teppichartig bemalte Rückwand gliedert sich in drei Felder und gibt inmitten reicher Verzie-

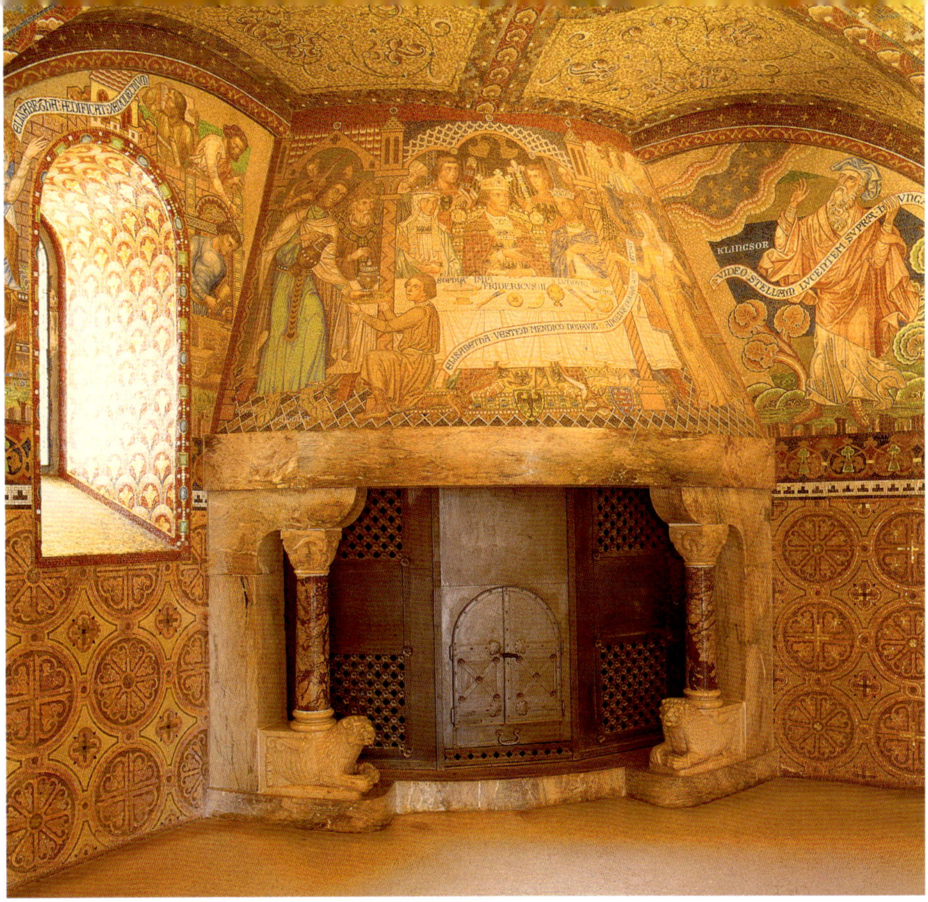
KLINGSOR

SPONSALIA DE FVTVRO
LANTGRAVE HERMAN
LVDOVIC

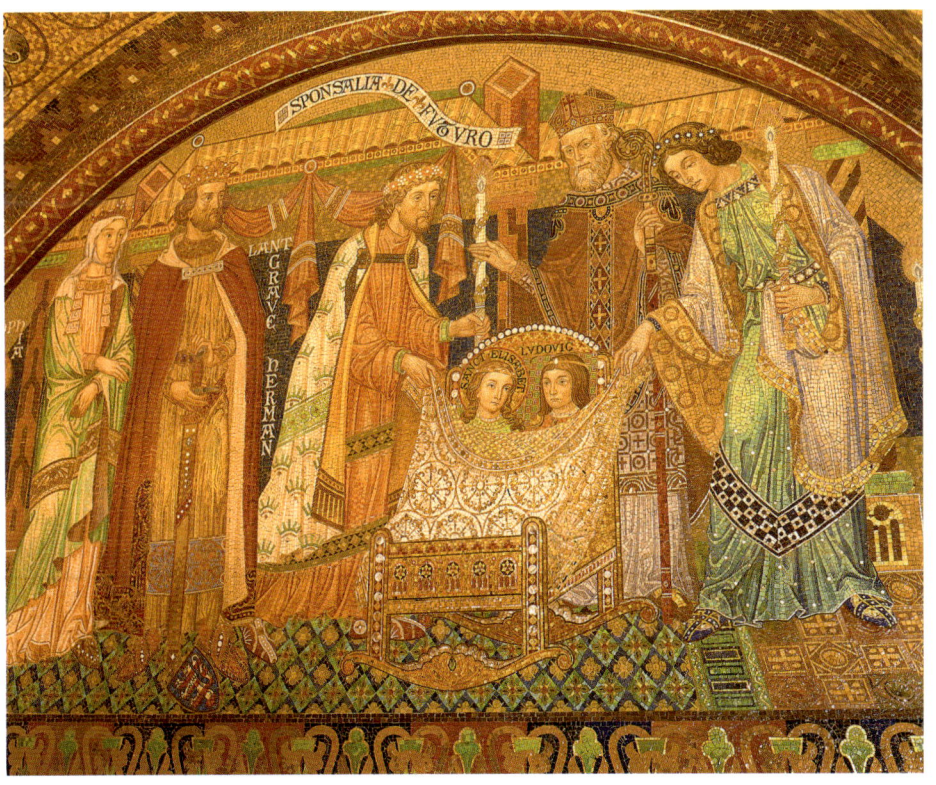

rungen Verse aus der großen Heidelberger Liederhandschrift wieder. Das zentrale Thema ist dabei natürlich die Dichtung vom Sängerkrieg.

Mit dem Sängersaal setzte die Romantik des 19. Jahrhunderts der Sage ein eindrucksvolles Denkmal. Und der geniale Moritz von Schwind verband das dramatische Geschehen des „Sängerkrieges" mit der historisierenden Kulisse des Raumes und suggerierte damit eine fast überzeugende Authentizität. Doch seiner ausbrechenden Erzähllust kann man darüber hinaus auch Humor und kreative Originalität entnehmen. Schwind schmuggelte nämlich in sein gigantisches Gemälde einige von ihm bewunderte Zeitgenossen: seinen Freund Ludwig Bechstein, Franz Liszt, der für die Akustik beim Bau beratend mitwirkte, Goethe, Schiller und den absolut unvermeidlichen Richard Wagner, der rechts im Vordergrund genialisch in einem Fauteuil ruht, mehr liegend als sitzend.

Im Arkadengang des ersten Obergeschosses malte Schwind 1854 die Vita der Heiligen Elisabeth, die Legende des Rosenwunders und weitere Werke ihrer Barmherzigkeit. Die Wandbilder auf der Wartburg zählen zu den größten Werken im Oeuvre des biedermeierlich-spätromantischen Malers. Moritz von Schwind, der bei Ludwig Schnorr von Carolsfeld gelernt hatte, war ein ungeheuer schöpferischer Mensch mit einem großen Spektrum an Interessen und erhielt so viele monumentale Aufträge zur Ausmalung und Illustration von Literatur, dass es schwerfällt, sie untereinander zu vergleichen.

Ein herzoglicher Kabinettsbibliothekar

Ludwig Bechstein als „Popularisator" der deutschen Volksmärchen

Parallel zu den Brüdern Grimm und Gustav Schwab trug auch Ludwig Bechstein mit starkem forschenden Interesse Geschichten und Sagen seines Volkes zusammen, die er 1853 in seinem „Deutschen Sagenbuch" veröffentlichte. Viele dieser auch aus dem Wunsch nach Mitteilung und aus Menschenfreundlichkeit erzählten Legenden und Märchen sind uns noch vertraut, ja, einige haben uns sogar durchs Leben begleitet: die Geschichte vom Rattenfänger zu Hameln, von der Loreley, von Kaiser Barbarossa im Kyffhäuser, von der Heiligen Elisabeth auf der Wartburg, vom Begängnis des eisernen Landgrafen Ludwig, vom edlen Ritter Tannhäuser oder von den Heinzelmännchen zu Aachen. Manche erinnern sich vielleicht sogar noch an die Erzählungen vom Dombau zu Köln oder von der Pest in Gera.

Ludwig Bechstein wurde im Jahr 1801 in Weimar geboren, absolvierte zuerst eine Apothekerlehre und studierte von 1829 bis 1831 Philosophie, Literatur und Geschichte in Leipzig und München. Mit seiner Bestallung zum herzoglichen Kabinettsbibliothekar in

*Ludwig Bechstein,
Ausschnitt aus
dem Gemälde
„Der Sängerkrieg"*

Meiningen (1831)
hatte er ein gesi-
chertes Dasein
und konnte sich
seinen histori-
schen Neigungen
und einer intensi-
ven Reisetätigkeit
hingeben.

Der Geist der Zeit und auch einige äußere Umstände trugen dazu bei, dass Bechstein sich
als „Altertumsforscher" – wie man damals zu sagen pflegte – der Germanistik sowie der
Volks- und Heimatkunde zuwandte. Sein Talent als Schriftsteller und Erzähler, sozusagen
als „dienend-schöpferischer Geist", ließen ihn erstaunliche Leistungen erbringen, die
dazu führten, dass man noch heute seinen Namen mit Respekt nennt, wenn es etwa um
die Erschließung der älteren deutschen Literatur, um die Erforschung der Heimatge-
schichte oder um die Bewahrung der deutschen Sagen- und Märchenwelt und ihre
Verlebendigung im Bewusstsein der Menschen geht.

Die Brüder Grimm, die „Treue und Wahrheit" zu ihrem obersten Prinzip ernannt hatten,
zeichneten vor allem die Sagen wesentlich lieber nach schriftlichen Quellen als nach
mündlichen Überlieferungen auf. Bechstein dagegen wurde wiederholt vorgeworfen,
er habe es mit dieser Maxime nicht so ernst genommen. Ein solcher Vorwurf resultierte
natürlich aus der damals vorherrschenden puristischen Grundstimmung, die nur über-
prüfbare Quellen und Zeugnisse gelten ließ. Allerdings wurde über der Forderung nach
Wissenschaftlichkeit bisweilen vergessen, dass als bewahrenswert Erkanntes auch der
wirksamen Weitergabe bedarf. Im Vorwort zu seinem „Deutschen Sagenbuch" bekennt
sich Bechstein übrigens ganz offen zu seinem Vorgehen: *„Außerdem habe ich jede Sage
zu meinem Eigentum gemacht und sie nach meiner Eigentümlichkeit wieder neu erzählt."*

„Ich habe die Burg immer geliebt."

Ludwig Bechstein und die Wartburg

Ludwig Bechstein trug sich im September 1825 erstmals in ein Gästebuch der Wartburg ein, es sollten viele, für ihn bedeutsame Aufenthalte folgen. An einer Stelle schreibt er: *„Ich habe die Burg immer geliebt, aber seit wir uns droben fanden, hat sie für mich ein ungleich höheres, schöneres Interesse genommen."* Der große Geschichtensammler hatte nämlich schon bei seinem Studium in Leipzig einige Freunde gewonnen, die wie er „für Thüringen glühten". Dazu gehörten auch Ferdinand Maßmann, der Professor für altdeutsche Sprache und Literatur, der aktiver Teilnehmer des Wartburgfestes von 1817 war, und der Maler Moritz von Schwind. Dieser bestärkte Bechstein insbesondere in seiner Liebe zur mittelalterlichen deutschen Kunst.

Sowohl in Bechsteins „Gedichten", als auch in seinen „Wanderungen durch Thüringen" werden die Geschichte und die Persönlichkeiten der Wartburg an zentralen Stellen hervorgehoben und während des 5. Thüringer Sängerfestes im Jahr 1847 in Eisenach hielt er auf der Burg eine begeisternde Festrede. In seiner Erzählung „Hainsterne" von 1853 erinnerte sich Bechstein dieser wertvollen Tage und definierte zugleich, was ihm Romantik bedeutet: *„Mir ist Romantik die vom Geist der Poesie verklärte Erinnerung an die mittelalterliche Heldenzeit im Bunde mit dem Schönen in der Natur wie im Bunde mit dem Schönen, was die Kunst in Bildern und Bauten geschaffen hat."*

Sein Werk „Der Sagenschatz und die Sagenkreise des Thüringerlandes" ließ Bechstein mit Darstellungen der Wartburg, der Drei Gleichen, der Burg Giebichenstein, vom Kloster Reinhardsbrunn und vom „Hörselberg" versehen. Gleichermaßen ließ er auch die „Deutschen Sagen" mit Holzschnitten nach Zeichnungen von Adolph Ehrhardt illustrieren. Und sein Freund Moritz von Schwind hat nicht nur mehrere Märchenzyklen bebildert, sondern auch für Bechsteins Gedicht „Faustus", das erst 1844 in Buchform veröffentlicht wurde, Radierungen angefertigt.

Wer zu den Augenmenschen zählt, wird vor allem anderen die beiden herrlichen Schnitte zu den Sagen „Die Heilige Elisabeth" und „Der Schmied in Ruhla" unauslöschlich in Erinnerung haben. Auch sie sind vom eigentümlichen Geist des romantischen Historismus geformt. Die Technik der Holzschnitte erinnert in ihrer dramatischen Herbheit und gelegentlichen Düsternis stark an Gustave Dorés Schnitte und Illustrationen; vor allem an die des Alten und des Neuen Testamentes. Dennoch sind sie unverkennbar.

Die Heilige Elisabeth:

Einmal nahm Elisabeth einen Aussätzigen auf, pflegte und wusch ihn und legte ihn dann in ihr Ehebett, das sie mit dem Landgrafen teilte. Als dies dem Landgrafen gemeldet wurde, eilte er, um sich von dieser Ungeheuerlichkeit zu überzeugen. Doch als der Landgraf die Decke des Bettes zurückschlug, erblickte er statt des Aussätzigen den gekreuzigten Heiland. Das Hofgesinde war darüber voller Staunen. Der Landgraf aber segnete seine Gemahlin, die auf die Knie gesunken war, und hieß alles gut, was sie getan hatte.

Holzschnitte nach Zeichnungen von Adolph Erhardt, 1853

Der Schmied in Ruhla:

Unter der Herrschaft Ludwigs II., der etwa elfjährig an die Macht kam, sollen die Missstände im Lande anfangs überhand genommen haben. Ein Schmied aus Ruhla, bei dem der junge Landgraf während der Jagd ein Nachtquartier erbat, nutzte – so die Sage – daher die günstige Gelegenheit, um die Verhältnisse anzuprangern. Ohne seine Arbeit zu unterbrechen, beklagte er bis zum Morgenrot die Willkür der Vögte und das harsche Los der Bauern und wünschte, der Landesherr möge die Zügel straffen und Zucht und Ordnung mit harter Hand wiederherstellen. Nach dieser Lektion, heißt es, sei Ludwig am nächsten Morgen geläutert davon geritten, habe die übermütigen Edlen bestraft und von nun an gut und gerecht regiert.

Elisabeths Eisenach

Die Stadtresidenz der thüringischen Landgrafen

Der Name Eisenach deutet darauf hin, dass an diesem Ort die Eisengewinnung schon früh eine große Rolle gespielt hat, auch wenn es dafür bis jetzt noch keine archäologischen Zeugnisse gibt. Alte Quellen erzählen aber davon, dass es 979 zwischen den Klöstern Fulda und Hersfeld Streitigkeiten wegen der Schifffahrtsrechte auf der Hörsel gab.

Die älteste Siedlung im späteren Bereich von Eisenach war wohl Alt-Eisenach, das östlich der Stadt bei den Flurnamen „An der Peterskirche" und „Altstadt" lag. Dort wurden Grundmauern von mehreren Gebäuden und von einem runden Turm gefunden. Dies verwundert nicht, schließlich führte hier die alte „Weinstraße" vom Gebirge herab durch die Hörsel und stieg dann die jenseitigen Hänge des Tales hinan. Ein schon 1293

erwähnter Steinweg („*via antique civitatis Isenache*") dürfte auf diese frühe Siedlung zu beziehen sein. Auch das im Flurnamen anklingende Peterspatrozinium deutet auf ein hohes Alter der Altstadt hin.

Kurz nach Mitte des 12. Jahrhundert entstanden dann die hochmittelalterlichen Anfänge der „neuen" Stadt, wobei wohl der Platz für den Sonnabendsmarkt, ein Dreiecksmarkt vor der Nikolaikirche, als Vorstufe für die städtische Plangründung angesehen werden kann. Topographische Gründe sprechen dafür, dass in den letzten Jahrzehnten des 12. Jahrhunderts die regelmäßigen Blöcke angelegt wurden, die mit der Judengasse und der Goldschmiedegasse eine Verbindung zwischen dem Sonnabendmarkt und dem großen, rechteckigen Mittwochsmarkt herstellten. Hier siedelten sich viele Kaufleute an, die von der aus dem Rheinland kommenden Fernhandelsstraße profitierten. Die Ansiedlungen neuer Handwerker entlang dieser Fernhandelsstraße erweiterten den Ort dann nach Westen.

Die Nikolaikirche, deren Patrozinium die Bedeutung der anssässigen Bevölkerung anzeigt, besaß bereits Pfarrrechte als Landgraf Ludwig III. bei ihr ein Benediktiner-Nonnenkloster errichtete. Auf dem Markt erhebt sich dazu die schon 1196 urkundlich bezeugte Georgenkirche, während südlich von ihr am leicht ansteigenden Hang der Landgrafenhof stand, das sogenannte „Steinhaus", das als landgräfliche Stadtresidenz diente. Die Anlage um die erstmals 1246 erwähnte, ehemalige Marienkirche beim Frauenplan, bildet topographisch ein eigenes Viertel. Die Zugehörigkeit der Kirche zum Deutschen Orden spricht auch dafür, dass einer der Landgrafen die Ordenskirche gestiftet hat. Schließlich hatte Landgraf Hermann I. 1198 vor Akkon der Gründung des Ordens beigewohnt, Heinrich Raspes Bruder Konrad war der dritte Hochmeister gewesen, und auch Ludwig IV., Elisabeths Ehemann, hatte den Orden sehr stark gefördert.

Da die Landgrafen zu Beginn des 13. Jahrhunderts die Stiftung von Klöstern im Zusammenhang mit dem Entstehen neuer Bettelorden eifrig steigerten, wurde naturgemäß in dieser Zeit auch viel gebaut: 1220 das Franziskanerkloster, eines der ersten auf deutschem Boden, wenig später das Dominikanerkloster. Außerhalb der Stadtbefestigung entstanden im 13. Jahrhundert zudem einige weitere Klöster und Spitäler wie das Annenstift mit der Annenkirche, das Zisterzienserinnenkloster St. Katharinen, das Hospital St. Spiritus vor dem Georgentor und das Clementinenspital mit dazugehöriger Kapelle nordöstlich des Nikolaitores. Nach dem Tode der Elisabeth wurde zudem ein ihr gewidmetes Franziskanerkloster unterhalb der Wartburg gebaut – und es entstand noch ein Kartäuserkloster.

Die Reihe der vielen klösterlichen, kirchlichen und karitativen Einrichtungen, die zur Lebenswelt der heranwachsenden Elisabeth gehörten, führt uns die alles übertrumpfende Vorherrschaft der kirchlichen Bauten in der Stadtresidenz vor und damit gleichsam den Primat der Kirchenmacht und des geistlichen Einflusses. Nur die kirchlichen Institutionen hatten damals das Privileg, das Recht, ihre Gebäude aus Stein zu erbauen. Die Behausungen der Ackerbürger, Handwerker und Kaufleute waren ausschließlich aus Holz errichtet. Eine Ausnahme gab es allerdings (der Name spricht für sich): den Landgrafenhof, das sogenannte „Steinhaus". Die Quellen berichten, dass sich die landgräfliche Familie hier häufig aufhielt. Sie suchte die Nähe der Kirchen, Klöster und Spitale und zog es schon damals vor, in der Bürgerstadt zu leben. Das mag auch an der größeren Bequemlichkeit der Stadt gelegen haben.

Die ehemalige Spitalkirche

Der Überlieferung nach ist die Spitalkirche zusammen mit dem Annenstift eine Gründung der Elisabeth von Thüringen vor dem Georgentor aus dem Jahr 1226. Das Spital brannte 1343 ab, wurde wieder hergerichtet und schlussendlich (nach einem Neubau von 1907) abgerissen. Die Spitalkirche wurde mehrfach umgebaut und 1634 wesentlich erneuert und erweitert.

Das Kloster

Die beeindruckende Klosteranlage in Eisenach, die
wohl um 1240 den Erfurter Dominikanern übergeben
wurde, ist eine legendenhaft verklärte Stiftung des
Landgrafen Heinrich Raspe. Mit dem Bau der Kirche
war möglicherweise schon in den dreißiger Jahren
des 13. Jahrhunderts begonnen worden – und sie
wurde Johannes dem Täufer und der 1235 heilig
gesprochenen Elisabeth geweiht. Damit ist sie eine
der ältesten Elisabethpatrozinien überhaupt. 1525
wurde das Kloster allerdings schon wieder aufgehoben und profanen Nutzungen zugeführt. In die
Kirche wurden Decken eingezogen, und auch die
Unterkirche wurde weitestgehend umgestaltet.

Naturgemäß wurden dabei auch die Klostergebäude
vielfach umgebaut und umgenutzt, in den Umfassungsmauern sind sie aber teilweise noch gut erkennbar erhalten. Das trifft auch auf den Ost- und den
Südflügel des spätgotischen Kreuzgangs zu, der 1878
durch Maßwerkfenster ergänzt wurde. Heute sind in
der Klosteranlage das Thüringer Museum Eisenach
und das Martin-Luther-Gymnasium untergebracht.

Die Kirche St. Georgen

Der Bau der dreischiffigen Hallenkirche St. Georgen wurde 1181 von Landgraf Ludwig III. veranlasst. Die erste urkundliche Erwähnung des Gebäudes – mit seinem eingezogenen Rechteckchor im Osten und der Vorhalle und dem Turm im Westen – stammt aus dem Jahr 1196. Die ältesten erhaltenen Bauformen lassen allerdings eher auf das 13. Jahrhundert schließen. Auffällig an der Georgenkirche ist natürlich die Nähe zur landgräflichen Stadtresidenz: Sie wurde sozusagen als Hofkirche genutzt. Hier wurde Ludwig IV. zum Ritter geschlagen und 1221 mit Elisabeth getraut. Die Eisenacher sprechen daher stolz von der „Traukirche".

Eine eindrucksvoll große Kirche scheint St. Georgen auch danach immer gewesen zu sein. 1359 wird ein Lettner erwähnt, und nur wenig später sind im Inneren 16 Altäre nachweisbar. Allerdings muss die Kirche am Anfang des 16. Jahrhunderts baufällig gewesen sein, denn es heißt: *„Die Mauern bekamen Sprünge und drohten mit dem Einsturz."* 1515 wurde die Kirche zum größten Teil eingerissen und ansehnlicher wieder aufgebaut. In dieser Gestalt ist sie bis heute im Wesentlichen erhalten geblieben. 1561 wurde St. Georgen dann als protestantische Predigtkirche eingeweiht.

Auf den ersten Blick scheint die Georgenkirche wenig Ausstattungsgut zu besitzen, bei näherem Hinsehen entdeckt man aber rasch die überaus einprägsamen Landgrafensteine im Chor. 1952 mussten sie aus der Kapelle des ehemaligen Hausklosters Reinhardsbrunn bei Friedrichroda nach Eisenach gebracht werden. Die Landgrafensteine sind eine Serie von figürlichen Grabsteinen, die am Anfang des 14. Jahrhunderts für die Grablege der Landgrafen von Thüringen angefertigt wurden. Die Reihe beginnt mit dem Wartburg- und Klostergründer Ludwig und seiner Frau Adelheid; gefolgt von Ludwig I., dem die Landgrafenwürde verliehen wurde, Ludwig II., dem Eisernen, und dessen Gemahlin Jutta, die eine Halbschwester Friedrich Barbarossas war. Dann findet man Ludwig III. und Ludwig IV., die beide als Jerusalemfahrer mit der Pilgermuschel auf den Gewändern dargestellt sind, und zum Abschluss der Reihe den Ludowinger Hermann II.

Die Grabbilder gehören alle einem einheitlichen Typ an, bei dem reiches Lockenhaar das Haupt umfließt und auf ein Kissen gebreitet ist. Die Gewandung liegt jeweils am Oberkörper eng an, und auch der Faltenwurf bleibt in flachem Relief nahe an den Figuren, deren Mantel jeweils fast zu den Knöcheln herabreicht. Der untere Teil der Grabsteine ist an der Oberfläche zum Teil stark verwittert, so dass sich bei Ludwig IV. der Löwe auf dem Wappenschild kaum noch erkennen lässt. Ludwig der Springer hält als Stifter des ludowingischen Hausklosters Reinhardbrunn mit der Linken ein Kirchenmodell mit zwei Westtürmen. Ludwig der Eiserne ist dagegen in Rüstung mit Kettenhemd und Brustharnisch wiedergegeben, steht auf einem Doppellöwen und hält in der Rechten einen Dolch.

Die Initiative zur Anfertigung dieser plastischen Ahnengalerie ist wohl vom Kloster Reinhardsbrunn ausgegangen. Die dortigen Mönche wollten zu einer Zeit, in der die ludowingische Gründerfamilie ausgestorben war (1247) und die Wettiner das Erbe der Landgrafschaft angetreten hatten, ein Geschichtskontinuum demonstrieren.

Der Hellgrevenhof

Dieser mehrteilige Gebäudekomplex vor dem Georgentor ist für uns vor allem durch seine ehemalige Kemenate von Interesse, einem zweigeschossigen Rechteckbau mit Satteldach, der an die Stadtmauer angebaut ist.

Berühmtheit hat der Hof dadurch erlangt, dass im Hofgarten des Bürgers Hellgreve nach der Sage vom Sängerkrieg der große Klingsor den Bürgern die Geburt der Heiligen Elisabeth aus den Sternen vorhergesagt haben soll.

Die Stadtpfarrkirche St. Nikolai

Die dreischiffige romanische Basilika St. Nikolai, die ihren Turm im Südosten und eine Vorhalle im Westen präsentiert, ist die ehemalige Klosterkirche des Benediktinerinnennklosters. Laut einer Urkunde Landgraf Hermanns I. von 1197 übertrug Ludwig III. damals die Pfarrkirche an die Benediktinerinnen, damit sie anbei ein Kloster aufbauen konnten. Diese Übertragung fand wohl kurz vor Ludwigs Aufbruch zum Kreuzzug statt.

Der Kirchenbau selbst wird aufgrund seiner stilistischen Nähe zum Wartburgpalas eher früher datiert. Nach mehrfachen Umbauten im Barock und im Spätbarock kam es dann im Jahr 1886 zu einer umfassenden Restaurierung. Im Sinne des Historismus wurde die Kirche dabei romanisiert und die gotisierende Form des 17. Jahrhunderts beseitigt.

Herberge zwischen den Grenzen

Die Runneburg in Weißensee

Der Kunstführer Dehio beschrieb die Runneburg 1905 noch etwas vage mit:
„Geringe Reste einer anscheinend reichen romanischen Anlage." Einzeluntersuchungen im
20. Jahrhundert bestätigten aber, dass es sich bei den Gebäuden sowohl nach kunst-,
als auch nach architekturhistorischer Bewertung um einen der bedeutendsten romanischen Profanbauten Deutschlands handelt. Vor allem die systematische Bauforschung
und die archäologischen Entdeckungen der letzten zwei Jahrzehnte konnten diesen
Befund verifizieren. Sie entdeckten die Runneburg als herausragendes Denkmal
hochmittelalterlicher Adelskultur.

Um sich die Runneburg vorstellen zu können, lohnt sich noch einmal ein Blick auf die ebenfalls von den Thüringer Landgrafen errichtete Wartburg. Die in ausgesetzter Gipfellage errichtete, langgestreckte Anlage teilte sich ja ursprünglich in eine Vor- und Hauptburg. An den Schmalseiten der Hauptburg wiederum standen zwei Bergfriede: dem nördlichen war ein Wohnhaus angelehnt, dem südlichen der prächtige Palasbau. Dieser übertraf in seinen Ausmaßen den Saalbau der Runneburg zwar um einiges, insgesamt lässt sich eine deutliche strukturelle Verwandtschaft feststellen. Der Runneburger Palas kann, gerade bezüglich der Fassadengestaltung, durchaus mit der Wartburg verglichen werden; etwa, wenn man die Gangarkaden auf der Hofseite mit ihrer ausgewogenen Doppelgruppe aus Tür- und Fensteröffnungen betrachtet – oder die symmetrisch übereinander gruppierten Fensterreihen einschließlich der Bauornamentik und der wunderbaren Kapitellplastik. Insgesamt hat man den Eindruck, dass auf der Runneburg in ständiger Reflexion des Wartburgpalas gebaut wurde.

Landgraf Ludwig II. der Eiserne wurde bereits kurz nach dem Tod Ludwigs I. (1140) mit der Landgrafschaft belehnt. Zehn Jahre später heiratete er Jutta Claricia, eine Halbschwester Friedrich Barbarossas. Der Landgräfin Jutta ist auch die erste Erwähnung der Burg Weißensee zu verdanken. (Der Name Runneburg hat sich erst im 19. Jahrhundert durchgesetzt). Als Landgraf Ludwig, so der Reinhardsbrunner Chronist, sich auf dem Hoftag in Regensburg im Jahr 1168 mit Heinrich dem Löwen aussöhnte, begann die Landgräfin Jutta, am Weißen See eine Burg zu bauen, gleich einem Lustgärtlein. Sie wollte dort eine „Herberge" zwischen den Grenzfesten Wartburg und Neuenburg bei Freyburg gründen. Und tatsächlich entwickelte sich diese „Herberge" zu einer der großartigsten pfalzähnlichen Anlagen der Thüringer Landgrafen.

Die weitläufige Anlage thront auf einem unregelmäßig gerundeten Gipssteinplateau an der Nordwestecke der mittelalterlichen Stadt. Archäologisch nachgewiesen wurde inzwischen eine Wallanlage aus der Mitte des 12. Jahrhunderts, die – durch Steinmauern verstärkt – bis in die Mitte des 13. Jahrhunderts zu einer äußerst wehrhaften Burg mit mehreren Türmen ausgebaut wurde. Der von Palas, Wohnturm, Marstall, sowie Wagen- und Torhaus umschlossene Hof ist wahrscheinlich mit der hochmittelalterlichen Kernburg identisch. Die Nordostecke des Palasbaus ist turmartig vorgezogen und wurde irreführenderweise als „Torkapellenturm" bezeichnet; eine Kapelle konnte in der Burg bislang aber nicht nachgewiesen werden.

Weitere Bauaktivitäten konnten für die Jahre 1447-54 dendrochronologisch aufgezeigt werden. In der zweiten Hälfte des 16. Jahrhunderts gab es offensichtlich einen tief eingreifenden, nachmittelalterlichen Umbau des Palas, der nun (unter gravierenden Verlusten an der ursprünglichen Bauplastik) das gegenwärtige Aussehen erhielt. Es wurden kleinere Innenräume für Wohnzwecke geschaffen und das Torhaus errichtet. 1726 kam noch das Wagenhaus hinzu. Die mittelalterlichen Bauten innerhalb des Berings sind heute bis auf den Palas, Wohnturm und Marstall verschwunden. Sie mussten 1993

gesichert werden. Der stark gefährdete Wohnturm mit seinen 3,6 Meter dicken Mauern wurde durch eine provisorische Stahlkonstruktion stabilisiert. Innerhalb des Gebäudes blieben eine romanische Treppenanlage sowie Säulen und Kapitelle im Erdgeschoss erhalten. Bei Grabungen vor dem Palas wurde außerdem deutlich, dass dem Turm nach Norden ein kemenatenartiges Gebäude vorgesetzt war. In diesem Bau fand man eine qualitätsvolle, in mittelalterlichen Burgen um 1200 äußerst seltene Heizungsanlage. Neben der Heizung legte man einen 27 Meter tiefen romanischen Brunnen frei. Er enthielt hochwertige mittelalterliche Gebrauchsgegenstände. So wurde beispielsweise eine gedrechselte hölzerne Weinkanne gefunden, die auf einer Abbildung der Manessischen Liederhandschrift zu sehen ist.

Ein besonders edles Relikt der Bau- und Kapitellplastik ist die im Erdgeschoss des Palas gefundene „Astsäule", die aber keinesfalls ursprünglich hier stand. Der Säulenschaft ist mit stilisierten Astansätzen verziert und von einem exzellenten Weinrankenkapitell bekrönt. Als einzige Säule dieser Art nördlich der Alpen ist sie ein echtes Meisterwerk staufischer Baukunst. Im zweiten Geschoss wurde (neben einer romanischen Doppelarkade) noch eine schwarze Marmorsäule aus belgischem Kohlekalk gefunden. Diese Relikte sind ein sicheres Indiz für den hohen Anspruch an die Bau- und Lebenskultur im Spätmittelalter, die ein direktes Spiegelbild des höfischen Alltags der reichsfürstlichen Burganlage wiedergeben.

Die Runneburg hat im Laufe ihrer Existenz eine Reihe von Eingriffen hinnehmen müssen, die nicht zuletzt auf eine Verkennung ihrer Bedeutung und des tatsächlichen Alters ihrer historischen Substanz zurückzuführen sind. Die in Unkenntnis von Geschichte und baulichem Bestand vorgenommenen Veränderungen an der Anlage wirkten sich auch für den Erhalt des Denkmals verheerend aus. Trotz mancher Bemühungen auch kleinerer Baumaßnahmen der letzten Jahrzehnte war es bis zur Übergabe der Anlage an die „Stiftung Thüringer Schlösser und Gärten" im Jahr 1996 nicht gelungen, das Gebäude in einen standsicheren Zustand zu bringen.

Die Wiederentdeckung ihrer Bedeutung als Landgrafenresidenz sowie die Aufarbeitung einer Reihe hochinteressanter Funde und Befunde auch mit dem Engagement des „Runneburgvereins" lassen die Runneburg zu einer der großartigsten Burganlagen im Thüringer Kernland werden.

Ausblicke vom „Dicken Wilhelm"

Die Neuenburg bei Freyburg an der Unstrut

Um das Jahr 1200 gründeten die Thüringer Landgrafen am Unstrutübergang der „Frankenstraße" von Erfurt nach Merseburg die Stadt Freyburg. Am Fuße der steil abfallenden nordöstlichen Uferberge und im Schutz der ab 1085 angelegten Neuenburg entwickelte sich die Ortschaft prächtig. Sie ist seit dem Mittelalter vom Weinbau geprägt und bis heute das Zentrum des Saale-Unstrut-Weinbaugebietes.

Der Bau der Talrandburg wurde (wie bei der Wartburg) durch Ludwig den Springer initiiert – und ähnlich wie bei der Runneburg ist die romanische Zeit der Kern- und der Vorburg von permanenten Um- und Anbauvorgängen gekennzeichnet. Auf der östlichen

*Der Wohnturm oder
die sogenannte Elisabeth-
Kemenate*

Bergseite war die Gesamtanlage anfänglich durch einen etwa zehn Meter hohen Wall und einen breiten Graben gesichert, hinter dem sich ein gewaltiger Rundturm erhob. Der Wohn- und Repräsentationsbereich bestand zunächst aus einem dreigeschossigen Turm am östlichen Südrand der Burg, neben dem sich nördlich in geringem Abstand – und hier das Burgtor flankierend – ein Wohnbau befand. Um 1175 wurde dieser nach Norden verlängert und dreigeschossig zum Palas erweitert, wobei in den Zwischenraum zum Wohnturm eine Heizungsanlage gebaut wurde. Im gleichen Bauvorgang erhielt der Palas im Nordosten, nach Abbruch des großen Rundturms, anstelle einer zunächst als einge-schossige Saalkirche konzipierten Anlage eine Doppelkapelle. Möglicherweise gehörten schon dieser Bauphase der Kapelle jene Säulenschäfte aus Kohlenkalk an, die dann nach einem Umbau um 1220/30 in das Gliederungs- und Stützensystem des Obergeschosses eingebracht wurden.

Noch im 12. Jahrhundert begann man mit dem Ausbau der Neuenburg zu einer unge-wöhnlich wehrhaften Anlage. Dieses Vorhaben zog sich bis ins frühe 13. Jahrhundert hinein. Achtecktürme wurden in die Enden des Walls eingestellt, und eine erste Vorburg mit einem runden Bergfried errichtet, an die sich schließlich eine weitere Vorburg mit ebenfalls einem Rundturm („Dicker Wilhelm") anschloss. Um 1215/25 wurde in der Kernburg ein zusätzlicher Wohnturm errichtet, dem felsseitig in einigem Abstand eine Aborterkeranlage vorgestellt war.

Der umfassende Ausbau der Befestigungen und Wohnbauten geht auf Ludwig II. und Ludwig III. zurück, was darauf hinweist, dass die Neuenburg offenbar ein bevorzugter Aufenthaltsort der Landgrafen von Thüringen war. Ihre größte Blüte erlebte die Burg allerdings erst unter Ludwig IV. und seiner Gemahlin Elisabeth – und zwar in der Zeit von 1217 bis zu Ludwigs Tod im Jahr 1227. Für die Jahre 1224 und 1225 bezeugen Urkunden sogar die konkrete Anwesenheit Ludwigs IV., seiner „hochgeliebten Ehefrau Elisabeth", seiner Mutter Sophia sowie seiner Brüder Heinrich Raspe und Konrad.

Wie häufig sich Elisabeth auf den einzelnen landgräflichen Burgen aufhielt, ist heute kaum mehr nachweisbar. Letztlich sind es nur die herausgehobenen Ereignisse – wie die Geburt ihres Sohnes auf der Creuzburg oder die Geburt ihrer Tochter Sophie auf der Wartburg – die in Chroniken festgehalten wurden. Dazu kommen beurkundete Rechtsakte, die auf den Burgen stattfanden und an denen Elisabeth beteiligt war.

1247 gelangten Freyburg und die Neuenburg an die Markgrafen von Meißen und verblieben bei wechselnder Zugehörigkeit und Nutzung bis 1815 unter wettinischer Oberhoheit. In jedem Jahrhundert gab es aufwendige Umbauten und Veränderungen, die bis heute das Bild prägen. Zu guter Letzt ging die mittlerweile zum Schloss ausgebaute Neuenburg 1770 in die Verwaltung des Staates über und wurde somit ihrer Jahrhunderte alten Residenzfunktion beraubt.

Die Burgkapelle der Neuenburg gehört ohne Zweifel zu den bedeutendsten Vertretern des im 12. und 13. Jahrhundert geläufigeren Doppelkapellentypus. Von dem ursprünglichen Saalbau mit jüngst nachgewiesener Apsis sind in der Doppelkapelle größere Mauerwerkspartien,

Fenster und Türreste erhalten geblieben. Der Neubau eines rechteckigen Altarraumes und die Aufstockung zur Doppelkirche erfolgten um 1220/1230. Für die Westwand der nur die halbe Größe des Untergeschosses einnehmenden Obergeschosskirche war im Untergeschoss eine Substruktion erforderlich, die in Gestalt einer auf zwei Säulen ruhenden Arkade eingefügt wurde. Der westlich gelegene Raum im Obergeschoss öffnete sich im Süden als größerer Raum in die Palasbauten hinein.

Kapitelle und Basen der Säulen haben ihre Vorbilder übrigens in niederrheinischer Bauzier des späten 12. Jahrhunderts. Das trifft auch auf die des Obergeschosses zu, auch wenn sie wohl ein wenig jünger sind. Inspirierend war daneben wohl der Neubau des Naumburger Domes. Lilien- und Vierpassfenster sowie Bündelpfeiler finden sich nämlich sowohl im Rheinland, als auch in Naumburg. Die Säulen im Obergeschoss sind zum Teil aus Schiefergestein, das als „Import" aus dem belgisch-ardennischen Raum stammt. Die prächtigen Kapitelle sind feuervergoldet. Insbesondere die (gegenüber den schlichteren Formen im Untergeschoss) für die Burggrafenfamilie und sonstige Burgbewohner architektonisch

überreich ausgestattete, herr-
schaftliche Privatkapelle unter-
streicht die bedeutsame, fürstliche Stellung der Burgherren
innerhalb der Reichspolitik.

Um 1400 werden in die Seitenwände des Obergeschosses große gotische Maßwerkfenster eingesetzt. Im Untergeschoss wird der Saal durch eine Drillingsarkade geteilt, die die Westwand des oberen Kapellenraumes trägt. Der Altarraum wird mit einem Kreuzgratge-wölbe auf vier Ecksäulen überhöht, die Gurtbögen mit Zackenzier stehen auf Säulen.

Allein die Doppelkapelle machte seit dem frühen 19. Jahrhundert den Ruhm der Neuen-burg aus. Daran änderten auch die politische Erwägungen um 1848 nicht viel, die die Burg der Landgrafen von Thüringen und der Heiligen Elisabeth als besonders bewahrens-wert einschätzten – entgegen den seit den zwanziger Jahren des 19. Jahrhunderts vor-herrschenden Absichten, bis auf den Bergfried und die Kapelle alle Bausubstanz abzubre-chen. Dazu ist es glücklicherweise nicht gekommen. Vielmehr liefen die Bemühungen um die Instandsetzung der Kapelle und der anderen Bauten parallel.

*Die Außenansicht
der Doppelkapelle*

Die Wiederentdeckung der Neuenburg

Die Restaurierungsarbeiten des 19. Jahrhunderts konnten den Verfall nur verzögern und der stolzen Neuenburg ging es mit fortschreitender Zeit immer schlechter. 1935 wurde zwar ein Museum eingerichtet, dies erfuhr aber kaum Pflege. Vielleicht fehlte es aber auch an ernstem Interesse, jedenfalls blieb es fast 20 Jahre (1971 bis 1989) geschlossen. Bemühungen der Denkmalpflege zur Rettung der maroden Burg waren vor 1989 gänzlich ohne Erfolg. Ein Blitz verursachte zusätzlich einen Brand, bei dem ein erheblicher Teil des Dachstuhles abbrannte.

Jetzt gründete sich eine Bürgerinitiative von Freyburger Bürgern zur Rettung und Erhaltung der Neuenburg, die mit starker Öffentlichkeitsarbeit und der Sammlung von Spenden als erstes erreichte, dass das Museum wieder geöffnet und aus eigenen Mitteln finanziert werden konnte. Aus der motivierten Initiative wurde 1990 ein eingetragener Verein, der nun mit einer wissenschaftlichen Schriftenreihe und zahlreichen Projekten und Veranstaltungen für die Renaissance des herausragenden Bauwerks sorgt.

Dazu zählen auch die „Internationalen Tage der mittelalterlichen Musik", die im Jahr 2006 schon zum 15. Mal stattfanden. 2000 erhielt der „Verein zur Rettung und Erhaltung der Neuenburg e.V." den Deutschen Preis für Denkmalschutz, den das „Deutsche Nationalkomitee für Denkmalschutz" vergibt.

Die Plastik der Elisabeth aus der Doppelkapelle

Leider sind keine Archivalien bekannt, die über künstlerische Zeugnisse der Elisabethverehrung in der Doppelkapelle berichten. Erst in einer Inventarliste des Freyburger Rentamtes aus dem Jahr 1902 wird eine „in Holz geschnitzte weibliche Figur, gemalt" erwähnt – und als Elisabeth von Thüringen gedeutet.

Die kostbare Plastik aus Lindenholz entstand wahrscheinlich Ende des 14. Jahrhunderts im sächsischen Raum. Sie hatte einen langen, schicksalhaften Weg hinter sich und ist nun als Dauerleihgabe der Stiftung Preußischer Kulturbesitz wieder im Vorraum der oberen Kapelle aufgestellt. Die großzügige Spende der „Katholischen Wohltätigkeitsanstalt zur Heiligen Elisabeth" machte diese Rückführung möglich.

Brückenkopf zwischen zwei Reichen

Die Creuzburg an der Werra

Auf einem Hügel in malerischer Landschaft liegt die alte Landgrafenburg Creuzburg über der Stadt am linken Werraufer, die den gleichen Namen trägt. Markant sind hier vor allem die Hänge und die steil abfallenden Köpfe des Werradurchbruchs durch die Kalkplatte, die sich von Thüringen nach Hessen hineinzieht.

Seit dem Mittelalter überquerte die große Fernverkehrsstraße von Köln über Meschede und Kassel nach Eisenach und das Innere Thüringens bei Creuzburg die Werra. Erst 1170 war Creuzburg in den Besitz des Thüringer Landgrafen Ludwig II. gekommen, als dieser den Platz unter Vermittlung Kaiser Friedrich Barbarossas vom Kloster Fulda erwarb. Die Ludowinger gewannen damit einen wichtigen Brückenkopf an der Werra, der zugleich als Klammer zwischen den beiden Herrschaftsbereichen Hessen und Thüringen diente.

Mit dem Bau der Creuzburg entstand eine abwehrkräftige Festung, deren Aufgabe darin bestand, den Zugang von Hessen her an der „Königsfurt" durch die Werra laufend zu sichern und zu kontrollieren. Zugleich stellte die Landgrafenfamilie höhere Ansprüche an Wohnlichkeit und Repräsentation.

Der Legende nach stiftete der Missionar Bonifatius im Laufe der Christianisierung dieser Region im Jahr 724 auf dem Berg ein Kreuz und eine Kapelle zu Ehren des Heiligen Petrus. So soll sich der Name der Burg und der Stadt von diesem Ereignis herleiten. Zum ältesten Bestand der Ringmauerburg zählen der später umgebaute Palas, der Wohnturm des 13. Jahrhunderts mit seiner zweijochigen, so genannten „Elisabeth-Kemenate", der im 16. Jahrhundert veränderte Brunnen und die Anfang des 13. Jahrhunderts erhöhte und mit Zinnen versehene Mauer.

Von Anfang an waren die Burgen die Herrschaftsmittelpunkte der Ludowinger. Sie waren nicht nur feste Plätze, sondern zugleich die ersten Verwaltungszentren für das umliegende Land. So entstand zwischen dem Burgberg und dem von Landgraf Ludwig III. gestifteten Augustiner-Nonnenkloster auf einem etwa zwölf Hektar großen Areal, planmäßig angelegt, die neue Stadt Creuzburg. Sie erhielt 1213 durch Hermann I. alle städtischen Rechte. Dabei gingen auf die Stadt zu einem guten Teil die vorher im Rahmen der Landesorganisation allein der Burg zukommenden Funktionen über, während der mächtige Stadtmauerring die Grenzbefestigung gegen Hessen und die junge Nebenresidenz sicherte. 1218 stattete Landgraf Ludwig IV. das Nonnenkloster St. Jakob vor der Stadt mit den Kirchen St. Peter, St. Marien und mit der von dieser abhängigen Nikolaikirche aus.

Die glücklichsten Stunden ihres Lebens, so spätere Chroniken, hat die junge Landgräfin auf der Creuzburg erlebt. Hier gebar sie am 25. März 1222 ihren ältesten Sohn Hermann. Die Nachricht von der Geburt seines Erben erreichte Landgraf Ludwig IV. in Marburg, wo er sich wegen wichtiger Amtgeschäfte aufhielt. Dabei, so fährt die Chronik fort, sei die Freude und Dankbarkeit über die Geburt eines Nachfolgers so groß gewesen, dass der Landgraf 1223 in Creuzburg an Stelle der alten hölzernen eine steinerne Brücke über die Werra bauen ließ. Die wunderbare siebenbogige Konstruktion – am mittleren Vorbau befindet sich ein Wappenstein – war bis vor wenigen Jahren noch der Hauptzugang zur Stadt. Sie ist eine der ältesten Brückenbauten Thüringens.

Johannes Rothe, ein gebürtiger Creuzburger, vermerkte hierzu in seiner 1420 verfassten „Düringer Chronik": *„In demselben jare (1223) do liess lantgrave Lodewig die bruckin vor Crutzeborgk obir der Werre machin hoch unde kostlich!"* Mit dem Brückenbau wertete der Landgraf den Ort wirtschaftlich und auch strategisch auf. Eine Brücke hier an dieser Stelle ermöglichte die Kontrolle von Handel und Verkehr, ja, sogar deren Beeinflussung, da dies weit und breit der einzige sichere Werraübergang war.

1227 rief der Gemahl Elisabeths seine Vasallen zu einem Landtag nach Creuzburg. Hier verkündete er seinen Entschluss zur Teilnahme am Kreuzzug und traf Verfügungen für die Zeit seiner Abwesenheit. Am 24. Juni 1227 brach er von Creuzburg zum Kreuzzug auf. Elisabeth begleitete Ludwig bis Schmalkalden. Auf der Fahrt ins Heilige Land verstarb der Kreuzritter am 11. September 1227 in Otranto, also noch in Süditalien. Im Herbst des gleichen Jahres wurde Gertrud, das jüngste Kind Elisabeths, auf der Creuzburg geboren. Freilich verließ sie bald darauf ihre angestammte thüringer Heimat und fand Zuflucht in Marburg. 1238 trat Elisabeths mündiger Sohn als Landgraf Hermann II. das Erbe an. Der neue Regent bevorzugte als Residenz die Creuzburg, so dass sich für die Burg und die Stadt eine glänzende Zeit ankündigte. Leider fiel der junge Landgraf nach kurzer Regierungszeit den höfischen Intrigen zum Opfer: Er starb am 3. Januar 1241 auf der Creuzburg, vermutlich durch Gift.

„Sophie, des Heiligen Ludwig nicht so heilige Tochter" wie eine spätere Quelle sie nannte, war durch ihre Heirat Herzogin von Brabant geworden. Sie erhob unter anderen Ansprüche auf das Land ihres Bruders Hermann II. Der nun ausbrechende und bis 1264 dauernde Thüringische Erbfolgekrieg brachte Creuzburg die erste Zerstörung.

Auszug Landgraf Ludwig IV. in den Kreuzzug, Gemälde, bis 1980 auf der Creuzburg, danach verschollen

Ein Bilderbuch der Heiligen Elisabeth

Die Liboriuskapelle

Am Kopf der Creuzburger Werrabrücke steht ein nach Norden ausgerichteter Saalbau mit einem polygonalen Abschluss: die Liboriuskapelle. 1499 wurde hier an der Stelle einer alten hölzernen Wallfahrtskapelle ein Neubau errichtet. Das in Quadermauerwerk errichtete Gebäude zeigt Maßwerkfenster und mit Blendmaßwerk versehene Strebepfeiler. Das Innere ist mit einem Netzrippengewölbe auf schlanken Diensten errichtet und seit 1520 über und über mit köstlichen Wandgemälden (Halbfresken) ausgemalt, die Conrad Stebel aus Rotenburg (wohl dem an der Fulda) zugeschrieben werden.

An der Südostwand sehen wir verschiedene Szenen aus dem Leben der Heiligen Elisabeth; mit erläuternden Schriftbändern zwischen den waagerechten Bildzonen. Es lassen sich zwar nicht alle Motive eindeutig klären, vermutet werden aber die folgenden Episoden (beginnend im Stichkappenbereich des dritten Wandfeldes): „Weissagung der Geburt

Elisabeths", „Ankunft der Vier-
jährigen in Thüringen" (jetzt
das erste Thema an der Wand),
„Rosenwunder", „Der junge
Landgraf zu Pferde mit Gefolgs-
mann", „Elisabeth an einem
Kranken- oder Sterbebett", „Elisa-
beth in einer Kapelle", in zwei
Bildern „Das Mantelwunder",
„Kruzifixwunder", „Elisabeth mit
Ludwig" und der „Abschied von
Ludwig", „Speisung der 900",
„Vertreibung von der Wartburg",
„Gesandtenbesuch aus Ungarn",
„Marburger Krankenpflege", „Tod
oder Translation der Heiligen Eli-
sabeth". An vielen Stellen ist der
Erhaltungszustand sehr proble-
matisch, ja sogar kläglich, da
häufig ganze Bildhälften völlig
zerstört sind.

Im September 1523 wurde der erste evangelische Gottesdienst in der Liboriuskapelle
gefeiert – und bald darauf die so wunderbar narrativen Wandgemälde übertüncht. Erst
1932 wurden sie bei einem Sanierungsvorgang der Kapelle wieder entdeckt und freigelegt. Die Restaurierung der Halbfresken dauerte bis in das Jahr 1938. 1945 wurde bei der
Brückensprengung während des Kriegs auch die Liboriuskapelle in Mitleidenschaft gezogen, so dass weitere verheerende Schäden entstanden. Dabei wurden die Wandmalereien
vor allem durch eindringende Nässe in Mitleidenschaft gezogen.

Seit 1949 wurden die fulminanten Bildgeschichten nun aber mehrfach restauriert und
in ihrem Bestand gefestigt. Ein solch monumentales Bildprogramm ist für Thüringen
einmalig.

Das „Seelenheil der Vorfahren"

Im ehemaligen Kloster Reinhardsbrunn

Modell der Klosterkirche Reinhardsbrunn, Detail aus der Reliefplatte des Grabmals für die Landgräfin Adelheid

Zwischen 1069 und 1084 gründeten die Söhne des Grafen Ludwig des Bärtigen das von Hirsau abhängige Priorat Schönrain am Main als Familienkloster ihres Geschlechtes (der Grafen von Rieneck). Diese Stiftung „zum Seelenheil der Vorfahren" durch die am Nordhang des Thüringer Waldes ansässigen Grafen ist einer der wichtigsten Anhaltspunkte für die Abstammung der späteren Landgrafen von Thüringen von den Rieneckern. 1085 gründete Ludwig der Springer bei der thüringischen Stammburg Schauenburg nämlich das Benediktinerkloster Reinhardsbrunn. Die spätere Überlieferung nahm an, dass das Kloster als Sühne für den Tod Pfalzgraf Friedrichs III. von Sachsen gestiftet wurde, den Ludwig auf der Jagd hatte umbringen lassen, um dessen Gemahlin Adelheid ehelichen zu können.

Das Kloster wurde zu einem der bedeutendsten Wegbereiter der Hirsauer Reform in Mitteldeutschland. 1092 nahm Papst Urban II. Reinhardsbrunn in den Schutz des apostolischen Stuhles und bestimmte, dass der vom Kloster zum Vogt gewählte Gründer das Amt auf Lebenszeit innehaben sollte. Und so starb der Stifter 1123 (nach dem Beispiel vieler seiner adligen Zeitgenossen) dann auch als Mönch in seinem eigenen Hauskloster. Das geistige Zentrum der Landgrafschaft war das Kloster sicher bis zum Ende des 12. Jahrhunderts, doch eine starke politische Irritation (unter anderem durch die Gründung eines Zisterzienserklosters durch ein benachbartes Adelsgeschlecht) beschränkte erstmals seinen Einfluss.

Das Hauskloster Reinhardsbrunn wurde im Lauf der Jahre zur Grablege fast aller ludowingischen Grafen und Landgrafen. Vermutlich erhielten die Fürsten sogleich oder einige Zeit nach ihrem Tode Grabmäler, die indes noch nicht figürlich gestaltet gewesen sein müssen – insbesondere das älteste nicht: das des Klostergründers. In der ersten Hälfte des 14. Jahrhunderts wurde dann eine neue Serie von Grabsteinen für alle bisher in Reinhardsbrunn aus dem ludowingischen Hause Bestatteten hergestellt. Es wird angenommen, dass der Abt von Reinhardsbrunn der Auftraggeber war.

Alle Dargestellten halten in der Rechten das Schwert und darüber das Schild. Eine Portraitgenauigkeit ist allerdings nicht zu erwarten, da die Grabsteine ja posthum entstanden; sie lag aber – zumindest im mitteldeutschen Raum – auch noch nicht in der Zeit. Die Grabsteine sind einander ähnlich, und der Typus der Köpfe wirkt nicht individualisierend, sondern eher schematisch-idealisierend. Anlässlich der Beisetzung seines auf dem Kreuzzug verstorbenen Bruders Ludwig schenkte Landgraf Heinrich Raspe IV. dem

Das Jagd- und Lustschloß Reinhardsbrunn, von 1827

*Schlussstein aus der
alten Klosterkirche,
14. Jahrhundert*

Kloster zehn Hufen Land – zum Seelenheil seines Bruders, seiner selbst, seines Vaters und seiner Familie. Der Sohn Ludwigs und seiner Gemahlin Elisabeth, Landgraf Hermann II., wurde 1241 in Reinhardsbrunn an seiner Seite bestattet.

Die Gräber der Landgrafenfamilie in der Klosterkirche waren bald öffentlich zugänglich und Reinhardsbrunn entwickelte sich zu einem Wallfahrtsort. Das prominenteste Ziel war zweifellos Landgraf Ludwig IV. Elisabeth hatte sich im Frühjahr 1228 selbst auf den Weg nach Bamberg begeben, um dort seine Gebeine in einer feierlichen Prozession abzuholen und sie in der Familiengrablege bestatten zu lassen. Obwohl Ludwig nie offiziell heilig gesprochen wurde, setzte seine Verehrung ein, als die Bemühungen um die Heiligsprechung Elisabeths in Marburg im Spätsommer 1232 begannen. Der besondere Charakter von Reinhardsbrunn als Grablege der Ludowinger sollte erhalten bleiben. Von ersten Heilungswundern, die sich am Grab Ludwigs ereignet haben sollen, wurde 1233/34 berichtet. Dennoch konnte Reinhardsbrunn nach der Heiligsprechung Elisabeths im Jahr 1235 und dem steilen Aufstieg Marburgs als Wallfahrtsort auf die Dauer seine Rolle als Ziel von Wallfahrten nicht bewahren.

Die Grabsteine von Reinhardsbrunn hatten ein sehr wechselvolles Schicksal. Nach dem Untergang des Klosters im Jahr 1525 kamen sie zunächst in die Kapelle des Schlosses Grimmenstein zu Gotha. Dies war aber nur ein erster Aufstellungsort, dem noch einige folgten. 1952 schließlich wurden die Grabbilder in die Eisenacher Georgenkirche überführt, wo sie nun im Chor stehen (siehe Seite 45). Die unsicheren Zeiten, die sich anschlossen, bekamen naturgemäß der Klosterkirche und den Klostergebäuden nicht gut: Sie verfielen nach und nach zu Ruinen.

In der landschaftlich bevorzugten Lage am Nordhang des Thüringer Waldes, umgeben von ausgedehnten Waldbeständen und Teichen des ehemaligen Klosters, entstand von 1827 an in größeren Etappen (bis in das Jahr 1850 hinein) das Jagd- und Lustschloss der Herzöge von Sachsen-Weimar, das Schloss Reinhardsbrunn, der bedeutendste Schlossbau der Neugotik in Thüringen. Das überaus repräsentative Hauptgebäude mit den Räumen der herzoglichen Familie wurde 1830 mit einmaligen Wand- und Dekorationsmalereien des Düsseldorfer Landschafts- und Dekorationsmalers Ludwig Posse überreich ausgestattet: eine Mischung aus biedermeierlichen und neugotischen Dekorationselementen mit gemaltem Blendwerk und herrlicher Pflanzenornamentik. Höhepunkt des Schlosses ist der so genannte „Ahnensaal", der im Charakter der Kaisersäle mit Bildnissen der Ludowinger und von in Thüringen besonders verehrten Heiligen geschmückt ist.

Das 20. Jahrhundert, in dem die Zeiten wesentlich nüchterner waren, und die vielfältigen, letztlich ungeeigneten Nutzungen der Gebäude brachten dem zauberhaften Ensemble und seiner Parkanlage nur Unschönes. Nach der Wende wurden einige häßliche Einbauten entfernt und 1996 die Anlage von einem Konzern zum Hotel umgerüstet. Wiewohl der Betrieb einige Jahre gut lief, entschloss sich der Hotelkonzern, das Schlosshotel zu veräußern. Vor kurzem erwarb ein englischer Immobilienmakler das Anwesen für einen Euro, um es postwendend im Internet für zwei Millionen Euro anzubieten. Derzeit ist das Gelände hermetisch abgeriegelt, so dass ein Zugang unmöglich gemacht wird. Das märchenhafte Jagd- und Lustschloss hat zwar seine Aura erhalten, sieht aber nach dem langen Verfall erbarmungswürdig aus.

Außenansicht des im 17. Jahrhundert errichteten alten Schlosses Reinhardsbrunn, Kupferstich aus „Thuringia Sacra", 1737

Opfer des Luftangriffs

Die Barfüßerkirche in Erfurt

Erfurt liegt im Süden des Thüringer Beckens an der Gera, die mit ihren Seitenarmen das heutige Stadtgebiet in einem großen Bogen von Südwesten nach Norden durchfließt. Die bewaldeten Fahner und Alacher Höhen im Nordwesten sowie die Höhen des Steigerwaldes schließen die breite Flusssenke ab, die von der Stadt eingenommen und vom Petersberg und vom Domberg beherrscht wird. Die geschützte Lage, ein mildes Klima und der fruchtbare Lößböden bildeten günstige Voraussetzungen für die Besiedlung des Erfurter Raumes.

Wir können hier den ältesten Siedlungsspuren nicht folgen, sondern schauen auf die mittelalterliche Epoche der Erfurter Stadtgeschichte, die wahrlich Interessantes zu bieten hat. Die mittelalterliche Stadt war eine gewachsene Siedlungsagglomeration mit einem dichten Netz von Kirchen und Kapellen, die größtenteils durch Stiftungen des Adels und der Patrizier entstanden waren. Diese so entwickelte Kirchenstruktur wurde vermutlich 1182 in eine geordnete, aber extrem kleinräumige Pfarrorganisation überführt, die bis zur Reformation Bestand hatte.

An den Stiften, Klöstern und Pfarrkirchen hat es im Mittelalter eine nahezu ununterbrochene, künstlerische und quantitativ hochwertige Bautätigkeit gegeben. Auf romanische Großbauten – erhalten sind die Klosterkirchen der Benediktiner und die Domtürme – folgen Bauten der Gotik: die Kirchen der Bettelorden (wie Prediger-, Barfüßer- und Augustinerkirche), die Pfarrkirchen und die fünfschiffige Severikirche. Höhepunkt der mittelalterlichen Baukunst war der Domchor, der über mehrgeschossigen Substruktionen (den so genannten „Kavaten") errichtet und 1370 geweiht wurde.

Während eine bedeutende bildkünstlerische Tätigkeit in der Romanik nur durch einzelne, in Dom und Domschatz aufbewahrte Kunstwerke belegt ist, bezeugen die erhaltenen Denkmale der Plastik, Glas- und Tafelmalerei ein seit dem Ende des 13. Jahrhunderts anhaltendes qualitätsvolles Kunstschaffen. Ein hervorragendes Beispiel hierfür ist die ehemalige Barfüßerklosterkirche; eine der größten und schönsten Bettelordenkirchen in Deutschland. Von ihrer Ruine geht noch heute eine außergewöhnliche Faszination aus. Bis 1944 prägte sie das Bild der Stadt Erfurt nachhaltig. Dem Näherkommenden erschließt sich das Unglück, dass dann geschah, sofort: Der Rumpf der Kirche ist zerstört, allein der Chor und ein paar Mauern überstanden den Luftangriff in der Nacht zum Totensonntag.

Schauen wir lieber zum Anfang: Am 11. November des Jahres 1224 kamen sieben Franziskanerbrüder unter der Leitung des Mönches Jordanus von Giano in Erfurt an. Jordanus

gehörte zu den Brüdern, die Franziskus 1221 zur zweiten Deutschlandmission des Ordens ausgesandt hatte. In Erfurt bezogen die Brüder zunächst ihr Quartier beim Leprosenpriester vor den Toren der Stadt. Von dort zogen sie in das Hospital zum Heiligen Geist, bis die Bürgerschaft ihnen 1231 ein Grundstück an der Gera übereignete. Offenbar gab es hier bereits einige klösterliche Gebäude, wohl auch eine Klosterkirche; über deren Gestalt sind aber keine Nachrichten überliefert. Jedoch: Von diesem Kirchbau haben sich die wunderschönen farbigen Glasfenster erhalten. Sie wurden in den Neubau des 14. Jahrhunderts integriert.

1291 wütete in Erfurt ein verheerender Stadtbrand, der ein Drittel des Stadtgebietes verwüstete. Dabei soll auch das Barfüßerkloster in Mitleidenschaft gezogen worden sein. Jedenfalls begannen nach dem Brand die Bauarbeiten für eine neue Kirche. Der Chor wurde 1316 geweiht, die Fertigstellung des Langhauses zog sich bis ins erste Drittel des 15. Jahrhunderts hin, der für einen Bettelorden ungewöhnlich aufwendige, achteckige

*Ansicht der Klosterkirche
(Archiv Angermuseum
Erfurt)*

Turm wurde um 1400 errichtet. Den Franziskanern nacheifernd, bauten die Dominikaner, die sich am anderen Ufer der Gera, direkt gegenüber dem Barfüßerkloster, niedergelassen hatten, ebenfalls einen achteckigen Turm.

Zwischen Chor und Seitenschiff entstand in der Mitte des 15. Jahrhunderts die Kapelle
der Familie von der Sachsen. Über der Eingangstür wurde das Epitaph für Erhard von
Sachsen und Barbara Volkmar nach 1484 nachträglich eingesetzt. 1525 überließen die
Mönche den Kirchenschlüssel den Evangelischen, so dass sie zur Pfarrkirche wurde. Die
Klostergebäude im Norden der Kirche wurden dann während der schwedischen Besatzung
zwischen 1641 und 1648 abgerissen, wobei man Teile des Schuttes zum Bau der Bastion
am Schmidtstedter Tor verwendete. Nach der Einebnung diente der Platz als Kirchhof.

Ein Blitzschlag beschädigte im Jahr 1833 das ohnehin marode Kirchengebäude schwer,
so dass der Gottesdienst eingestellt werden musste. Erst 1842 begannen die Arbeiten zur
Wiederherstellung der Kirche. 1944 detonierte in der Barfüßerstraße eine Luftmine und
zerstörte das Kirchenschiff nahezu vollständig. Die beweglichen Kunstwerke und die
Glasmalereien waren vorher ausgelagert worden, die Verglasung der Maßwerke, das
Chorgestühl und die in der Kirche verbliebenen Teile der Bauplastik fielen der
Zerstörung anheim.

Die erhaltenen Kunstwerke sind Leihgaben der evangelischen Predigergemeinde, in
der die Barfüßergemeinde nach 1977 aufgegangen ist. Sie werden nun in der dem
Angermuseum angeschlossenen Ausstellung der verbliebenen Kirche gezeigt.

In zahlreichen Fragmenten haben sich in der Barfüßerkirche Sandsteinskulpturen erhal-
ten, auch die Statue der Heiligen Elisabeth. 1365/70 hinterließ sie eine Werkstatt, die
nach ihrem Hauptwerk in Erfurt, dem Severi-Sarkophag in der Severikirche, benannt ist.
Die Figur ist vermutlich ein Fragment aus größerem Zusammenhang, vielleicht einem
Epitaph. Die Arme sind abgeschlagen, so dass die sie kennzeichnenden Attribute wie
Brot, die Kanne oder ein Kleidungsstück nicht mehr wahrgenommen werden können.
Auch wandte sich Elisabeth dem vertrauten Topos nach dem sicher zu ihr aufblickenden
Bettler zu: er ist gleichermaßen zerstört.

Die Figur des Ordensgründers Franziskus befand sich ursprünglich außen am Chor, wo
der Heilige in die Richtung der Schlösserbrücke schauend angebracht war. Das hat zu der
Spekulation Anlass gegeben, dass sich die Statue bereits zur Chorweihe dort befunden

hätte. Freilich ist sie stilistisch durch Analogieschlüsse eher in die zweite Hälfte des 14. Jahrhunderts einzuordnen. Blockhaft geschlossen, mit zur Brust erhobenen Händen steht Franziskus mit verhaltenem Demutsgestus vor uns. Der Erhaltungszustand der Figur, die jahrhundertelang Wind und Wetter ausgesetzt war, ist dergestalt, dass die Interpretation als waghalsig erscheint, die Geste der Hände sei ein Hinweis auf die im Jahre 1224 erfolgte Stigmatisation des Heiligen.

Bewundernswert sind die geretteten Glasmalereien, die zu den ältesten und bedeutendsten Kunstwerken der Stadt zählen. Während des Krieges waren 34 mittelalterliche Bilderteile an einem sicheren Ort eingelagert. Sie wurden in den sechziger Jahren des vergangenen Jahrhunderts vorbildlich restauriert und in einer neuen Anordnung in die drei Chorfenster und in ein Fenster an der Chorrückseite eingesetzt. Die heute auf vier Fenster verteilten Glasbilder sind Reste der prächtigen bunten Chorverglasung, die den Kirchenraum ehemals in mystisches Licht tauchten.

Bei den verlorenen Gläsern, so sie nicht zerstört wurden, muss man annehmen, dass sie verkauft wurden. So stimmte der Magistrat und die Kirchenverwaltung zu, auch noch die letzten Glasbildwerke im Jahr 1829 einem potentiellen Käufer anzubieten. Gottlob verhinderte damals der kunstsinnige und finanzkräftige Friedrich Wilhelm von Preußen das Geschäft.

Die Besonderheit der Barfüßer-Fenster liegt in der Wiederverwendung der spätromanischen Scheiben von 1235/40 im 1316 geweihten Chorneubau. Um die erheblich größere Höhe der gotischen Fenster ausfüllen zu können, wurden die einzelnen Medaillons getrennt und die Zwischenräume mit Ornamenten ausgestaltet. Die Seitenstreifen der dreibahnigen Fenster erhielten ebenfalls Ornamentscheiben.

Die Anordnung der Hauptfenster
wird man beibehalten haben: Das
Zentrum bildet die Wurzel Jesse
mit dem Heilsweg Christi in vier
Medaillons, die Seitenfenster
erzählen aus dem Leben Christi
und von Ereignissen aus dem
Leben des Franziskus. Wenige
Jahre nach dem Tod des Heiligen,
1226, wurde damit in Erfurt die
früheste Darstellung der Franzis-
kuslegende nördlich der Alpen
geschaffen. Neben der Bestäti-
gung der Ordensregel und der
Stigmatisation des Franziskus
sind mehrere Fragmente erhalten,
die zum Franziskus-Tod gehörten.

Jetzt sind sie im Angermuseum
zu bewundern.

Bilder und Legenden

Der Turm der Nikolaikirche in Erfurt mit der Elisabethkapelle

Die Kirche St. Nikolai in Erfurt wurde zu Beginn des 12. Jahrhunderts gegründet und ist schon 1182 urkundlich erwähnt. Wenig später gelangte sie in den Besitz des Deutschen Ritterordens, der um 1360 den Nikolaiturm im gotischen Stil anbauen ließ, um seiner Schutzheiligen Elisabeth eine Kapelle zu errichten. Möglicherweise war dies der Ort, an dem zunächst die Basilika St. Nikolai gestanden hatte.

Die 1288 zur Patronatskirche des Deutschen Ordens erklärte St. Nikolaikirche wurde auch als Ordenskirche der Comthurei zu Erfurt genutzt. Die Kirche befand sich damals in einem Areal von Gartenanlagen mit Ordenshaus, Pfarrhaus und Wirtschaftsgebäuden, das durch die jetzige Augustinerstraße, das Gelände des Augustinerklosters und die Comthureigasse begrenzt wurde.

Der etwa 51 Meter hohe, quadratische Turm zeigt östlich über einer Pforte ein stark verwittertes Relief aus den sechziger Jahren des 14. Jahrhunderts mit einer Kreuzigungsszene, einem Stifterpaar und einer fast erloschenen Weiheinschrift für die Elisabethkapelle, womit mit großer Sicherheit der gewölbte und ausgemalte Raum im Turmgeschoss gemeint ist. Eine Urkunde vom 17. Oktober 1361 gewährte Ablass für den Bau der Kapelle und könnte ein eindeutiges Indiz auch für die Datierung des Bilderzyklus' aus dem Kreuzgratgewölbe im Erdgeschoss sein, das Szenen aus dem Leben der Elisabeth zeigt.

Die vier, noch weitestgehend erhaltenen Malereifelder an der Südwand des Turmes stellen vermutlich nur einen Teil einer ursprünglich entschieden umfangreicheren Ausmalung dar, da bei den Restaurierungsarbeiten der letzten Jahre an den Wänden weitere Fragmente gefunden wurden, die zweifelsfrei der szenischen Raumausmalung

zuzuordnen sind. Lediglich an der Ostwand, an der sich der Altar befindet, wurden keine Befunde gemacht.

Überwältigend schön präsentierten sich die Bilder dem Beschauer und kündeten vom Reichtum des Deutschen Ordens, der hier seiner Hauptpatronin, der Heiligen Elisabeth, ein würdiges Denkmal setzte – etwa 130 Jahre nach ihrem Tod. Dank seiner Handelsbeziehungen konnte der Orden leicht die erforderlichen Mittel aufbringen, um hochwertige Farbpigmente (wie Malachit, Azurit, Zinnober und Bleimennige) verwenden zu können. Stilistisch erinnern die Malereien an vergleichbare Arbeiten der Zeit in Burgund.

Im 17. Jahrhundert traten an der Kirche Schäden auf, so dass 1694 teilweise ein Neubau erforderlich wurde. Es ließen sich für die aufwendige Bauunterhaltung und die Reparaturen dauerhaft aber nicht die nötigen Gelder aufbringen, sodass das Kirchenschiff abge-

brochen werden musste. Nur der Turm (und seine Ausmalung) wurde verschont, obwohl die Bilder seit der Reformation unter einer Kalktünche verborgen waren. Im Laufe der Zeit waren allerdings bereits wesentliche Bereiche der Malerei, unter anderem durch Putzabfall verloren gegangen. Diese abgängigen Stellen wurden wie üblich ergänzt und in spätere Raumfassungen einbezogen, was bedeutete, dass die verbliebenen originalen Partien wieder hinter diesen verschwanden.

Als 1978 Fragmente der mittelalterlichen Wandmalereien mit den Darstellungen aus der

Elisabethlegende entdeckt wurden, konnten nur Sicherungs- und Konservierungsarbeiten ausgeführt werden, wobei hohlliegende Putzschichten prophylaktisch mit Kaschierungen befestigt wurden. Noch immer unklar ist, ob die Malereien auf trockenen oder feuchten Putz aufgetragen wurden, ob es sich also um Fresco- oder um Seccomalerei handelt – oder ob gar eine Mischtechnik vorliegt.

Die vier Szenen an der Südwand werden durch filigrane gotische und illusionistische Architekturdetails gerahmt. Die Bemühungen der Entschlüsselung der Szenen haben die vertrauten Bilder aus Elisabeths Leben ergeben: „Die Eheschließung mit Ludwig IV. von Thüringen" und „Der (auf einem Schriftzug bezeichnete) LANTGREVE diktiert einem Pagen einen Brief" (im Hintergrund eine verheiratete Frau mit Knaben, vermutlich Elisa-

beth mit ihrem Sohn Hermann). Die dritte Szene ist nach wie vor strittig, ihr Erhaltungszustand lässt divergierende Deutungen zu und die vierte zeigt, so besagt der beigegebene Schriftzug „Das Hochzeitsmahl".

Nach detaillierten Untersuchungen mehrerer hochqualifizierter Institute konnte seit 2000 schrittweise die Restaurierung erfolgen. Restarbeiten an der Malerei in der Kapelle, im Fußbodenbereich sowie an den Türen und an der östlichen Außenwand werden im Jahr 2006 abgeschlossen sein, da die Kapelle zum 800. Gedenkjahr der Heiligen Elisabeth im Jahr 2007 der Öffentlichkeit präsentiert werden soll.

Die Malereien der Elisabethkapelle gehören zu den wenigen Resten der in den mittelalterlichen Quellen beschriebenen und demnach zahlreichen Wandmalereien Erfurts aus der zweiten Hälfte des 14. Jahrhunderts. Sie sind ein beredtes Zeugnis für die außergewöhnliche Blüte von Wirtschaft, Kunst und Kultur dieser Zeit.

Mystische Atmosphäre

Die Diasporakirche St. Peter und Paul in Marburg

Der Wunsch der katholischen Gemeinde, zusätzlich zur Ordenskirche der Kugelherren eine zweite, größere Kirche in Marburg zu bauen, reicht zurück in die ersten Jahre des 20. Jahrhunderts. Vergeblich hatten die Katholiken versucht, das Recht der Mitnutzung der Elisabethkirche auf dem Prozessweg wieder zu erkämpfen. Auch das Projekt, die Kugelkirche nach Osten zu erweitern, wurde von der preußischen Regierung 1903 endgültig abgelehnt. Man empfahl stattdessen den Bau einer eigenen Kirche.

Von da ab verfolgte die Gemeinde ehrgeizig den Plan, eine katholische St. Elisabethkirche in der Nähe der alten Elisabethkirche zu errichten. Im Herbst 1904 erwarb die Kirchenge-meinde daher von dem Gutsbesitzer Eduard Hoffmann ein Grundstück an der Biegenstraße, das einst zum Besitztum des St. Elisabeth-Hospitals gehörte. Schon kurz darauf wurde ein erster Wettbewerb ausgeschrieben. Zur 700-Jahrfeier im Jahr 1907 anlässlich der Geburt der Elisabeth im Jahr 1207 wandte sich der Gemeindepfarrer dann an die Katholiken Deutsch-lands mit dem beherzten Aufruf, der großen Caritasheiligen ein würdiges Denkmal in Mar-burg zu setzen. Selbstverständlich hoffte man auf üppige Spenden für den Kirchenbau.

Die Auseinandersetzungen über den Stil der neuen Kirche waren aber offenbar so heftig, dass das Kirchengelände jahrzehntelang unbebaut blieb und als Gartenland an Familien der Gemeinde verpachtet wurde. Die zwingende Notwendigkeit einer großen Kirche wurde erst nach dem zweiten Weltkrieg endgültig offenbar, als durch das Hereinströmen der vielen Heimatvertriebenen die katholische Gemeinde übermäßig anwuchs. Noch einmal wurden namhafte Architekten aufgefordert, Vorentwürfe für die Diasporakirche auszuarbeiten. Und schließlich beauftragte man den im süddeutschen Raum durchaus bekannten Kirchenbaumeister Otto Linder mit seinem Mitarbeiter Erwin Lenz (Stuttgart) mit der Planung und Ausführung.

Im September 1957 begannen amerikanische Pioniere mit dem Ausheben der Baufläche. Unmittelbar danach, anlässlich des Jubiläums des 750. Geburtsjahres der Heiligen Elisabeth, vollzog der Erzbischof von Köln den ersten Spatenstich. Im Juni 1958 wurde durch den Domkapitular aus Fulda der Grundstein gelegt und am 6./7. Juni 1959 das Gotteshaus durch den Bischof von Fulda konsekriert.

Den Entwurf der Kirche St. Peter und Paul charakterisierte ein sachverständiger Berater in seinen Grundzügen so: *„Er sieht einen einzigen, großen Raum vor mit einer glatten Wand gegen das bestehende (Gemeinde-) Haus, einer Säulenreihe gegen den Bauplatz* (der Universität), *die ein schmales Seitenschiff abtrennt, das von einer Faltwand begrenzt wird, die die Lichtzuführungsidee des Herrn Linder aufnimmt."* Vom Schloss her gesehen, bietet sich das Bild eines geräumigen Hallenbaus, an dem das große Rechteck des Hauptschiffes in rauem Bruchsandstein aus den Lahnbergen ausgeführt ist. Die Anbauten dagegen, also

die herausgerückten Teile wie das Seitenschiff sowie die Stirn- und die Rückseite des Hauptschiffes heben sich in Sichtbeton interessant davon ab. Der viereckige, massive Glockenturm ist nach den Seiten verschieden in Beton und Naturstein aufgerichtet. Er korrespondiert deutlich mit den Türmen der Elisabethkirche im Stadtbild.

Im Innenraum wird die Struktur des Hauptschiffes kräftig durch die rechte Seitenwand und die breite Einrahmung des Chores aus Naturstein zum Ausdruck gebracht: die zahllosen Fugen der Mauerung lösen die riesige Fläche in viele bunte Stücke auf. Vier schlanke,

hohe Säulen aus Beton deuten die Grenze zum Seitenschiff an. Die Stirnseite wird von einem ringsum laufenden Lichtband aus seitlich zurückgesetzten, schmalen Glasfenstern erhellt, so dass in dem Raum eine fast mystische Atmosphäre entsteht.

Die Kirche hat eine Krypta, die als Verehrungsstätte der Heiligen Elisabeth gedacht und ausgestaltet ist. Zwischen vier schlanken Säulen aus Beton steht hier in der Mitte der Altar aus Buntsandstein; eine rechteckige Steinplatte bildet die Mensa. Im Altarstein sind Reliquien des Heiligen Bonifatius, des Patrons der Diözese, und der Heiligen Flora eingefügt. In einer Nische im Sockel des Altares befinden sich die Reliquien der Heiligen Elisabeth: ein Knochenpartikel und ein Saumstück aus ihrem Tertiarengewand, das in der Pfarrkirche zu Oberwalluf im Rheingau aufbewahrt wird.

Rudolf-Walter Haegele aus Aalen hat an der Wand hinter dem Altar eine Fensterreihe aus Glasbeton entworfen, bei der im Schnittpunkt der Diagonalen die Gestalt der Heiligen Elisabeth steht. Sie ist von einem Kranz von Rosen umgeben und eingehüllt. Auf ihrer Linken trägt sie ihre Grabeskirche, die sie mit der Rechten schützend bedeckt. Die anderen Fenster bringen in Symbolen die sieben Werke der leiblichen Barmherzigkeit zum Ausdruck: „Brot und Fisch auf einem Teller", „Becher und Kanne", ein „Gewand", ein „Offenes Tor", „Ketten", eine „Krankenbahre" und ein „Grab".

Orden der Brüder

Das deutsche Haus Sankt Mariens in Jerusalem

Der Deutsche Orden, dessen Mitglieder sich nach einem ehemaligen deutschen Hospital in Jerusalem benannten, wurde 1190 in Akkon zunächst als Spitalbruderschaft gegründet. Bürger aus Bremen und Lübeck hatten vor dem belagerten Akkon ein Feldspital zur Pflege kranker und verwundeter Kreuzfahrer errichtet. Im Jahr 1198 wurde die Hospitalbruderschaft zum Ritterorden erhoben, von Papst Innozenz III. bestätigt und mit den allgemeinen Ordensprivilegien ausgestattet. Dadurch erfuhr die Hilfe für Kranke und Pilger aber keine Minderung, der Aufgabenbereich des Ordens erweiterte sich eher. Er hatte nun auch den Auftrag, den christlichen Glauben gegen die Feinde Christi zu schirmen.

Nach Johannitern und Templern war der Deutsche Orden der dritte große geistliche Ritterorden der Kreuzzugszeit. Fast 100 Jahre jünger als jene, folgte er im Wesentlichen den von ihnen vorgebildeten Regeln und Organisationsmustern. Nach dem Vorbild der Templer wurde der weiße Mantel übernommen, wobei an die Stelle des roten ein schwarzes Kreuz trat.

Ihre theologische Rechtfertigung und Begründung erhielt die Idee der Ritterorden in der Schrift Bernhards von Clairvaux *„De laude novae militiae"*, die dieser um 1130 für den Templerorden verfasst hatte. 1198 wurde auf einer Versammlung deutscher Fürsten und Herren, unter denen auch Landgraf Hermann von Thüringen war, in Übereinstimmung mit den Geistlichen und Baronen des Heiligen Landes die Umwandlung der Hospitalbruderschaft in eine ritterliche Kampfgemeinschaft beschlossen.

Der neue Orden entwickelte sich wegen des staufisch-welfischen Thronstreites in der Folgezeit nur langsam. Erst nach 1212, als die Periode der schwachen Königsgewalt beendet war, setzten auch der Aufstieg und die Konsolidierung des Deutschen Ordens unter seinem vierten Hochmeister, dem aus einer thüringischen Ministerialenfamilie stammenden Hermann von Salza, energisch ein. Ihm gelang es, gute Beziehungen sowohl zu den Päpsten als den geistlichen Oberen als auch zu Friedrich II. als dem weltlichen Oberhaupt des Imperiums Romanum herzustellen. Natürlich wirkte sich die Vertrauensstellung, die Hermann von Salza besaß und die ihn zu seiner Rolle als Vermittler zwischen den beiden höchsten Gewalten des Abendlandes befähigte, stark auf seinen Orden aus.

Im Jahre 1221 nahm Kaiser Friedrich II. den Orden in seinen Schutz, bestätigte ihm seinen Besitz und gestand ihm Zollfreiheit in seinen Ländern sowie den Erwerb von Reichslehen zu. Die umfassende rechtliche Absicherung, die der Hochmeister Hermann seinem

Orden verschaffte, brachte diesen auch in die Lage, ein selbständiges Territorium aufzu-
bauen. Bereits um 1200 setzten Schenkungen an den Deutschen Orden in Deutschland
ein, wobei sich sehr bald bestimmte Regionen erkennen lassen, in denen sich der
Ordensbesitz konzentrierte. So findet sich der Ordensbesitz besonders geballt in Thüringen, in Hessen, in Franken, in Südwestdeutschland und im Rheinland. Auch in den
großen Städten wie Frankfurt, Gelnhausen und Mainz besaß der Deutsche Orden bald
seine Häuser.

Die frühen Besitzerwerbungen in Hessen verdankte der Deutsche Orden vor allem seinen
engen Beziehungen zu den Staufern. Neben den unmittelbaren Schenkungen aus Reichsgut standen dabei Zuwendungen von Familien, die wie die Landgrafen von Thüringen
enge politische und verwandtschaftliche Verbindungen zu den Staufern hatten. Die Thüringer waren dem Deutschen Orden nicht nur seit dessen Gründung im Heiligen Land
1190 und 1198 aufs Innigste verbunden, sie gehörten auch zu seinen ersten Förderern im
Reich. Das belegen die wenigen aus der Frühzeit des Ordens erhaltenen Urkunden über
Erwerbungen im mitteldeutschen Raum.

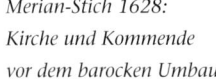

Merian-Stich 1628:
Kirche und Kommende
vor dem barocken Umbau

Ein Zentrum geistlicher Macht

Die Deutschordenskirche in Frankfurt am Main

Die Deutschordenskirche gehört zu einem früher ausgedehnteren Gebäudekomplex am südlichen Ufer des bedeutenden Main-Übergangs. Ursprünglich hatte Kuno von Münzenberg dort vor 1193 ein reich ausgestattetes Spital gegründet. 1221 ließ sich der Deutsche Orden das „Haus in Sachsenhausen mit Hospital, Kirche und allem Zubehör" übereignen. Treibende Kraft war dabei der Hochmeister Hermann von Salza, ein Freund und enger Berater des Kaisers. Dank der günstigen Lage, vieler reicher Stiftungen und des kaiserlichen Wohlwollens entwickelte sich in Frankfurt eine der bedeutendsten Kommenden im Reichsgebiet.

Die erste Kirche, wohl ein romanischer Steinbau, wurde immer „ecclesia", nie „capella" genannt, was darauf schließen lässt, dass sie von angemessener Größe war. Im Jahre 1309 fand dann die Einweihung einer neuen Kirche statt. Sie wurde als „ornatissimum templum Theutonicorum" bezeichnet und war demnach prächtig in Bau und Ausstattung.

Im Chor der ehemaligen Seitenkapelle: Die Heilige Katharina mit Schwert und Rad, die Heilige Elisabeth einem nackten Jungen den Mantel reichend und die Heilige Barbara mit dem Turm, 14. Jahrhundert

Schon 1269 hatte der Orden auf seinem Friedhof, der südlich des Kommendehofs lag, eine Kapelle zu Ehren ihrer Ordenspatronin, der Heiligen Elisabeth, errichtet. Ein weiteres Gotteshaus im Bereich der Kommende war die Annakapelle. Auch bei der Gründung des Frankfurter Katharinenklosters zeigt sich der große Einfluss des Deutschen Ordens, da die Schwestern unter der Leitung einer Meisterin nach den Statuten des Deutschen Ordens leben sollten.

Es folgten glanzvolle Jahre: 1338 wurde von der Kommende aus durch den in Frankfurt tagenden Reichstag das beschlossene Reichsgesetz „Licet juris" verkündet. Für den Deutschen Orden entwickelte sich die Kommende im 14. und 15. Jahrhundert zum regelmäßigen Ort der Generalkapitel auf deutschem Gebiet. Nach der Reformation behauptete sich die Kommende als eine der wenigen katholischen Inseln im lutherischen Frankfurt. Innerhalb des Ordens freilich nahm die Bedeutung des Standortes ab. Wichtig war er lediglich noch als standesgemäßes Quartier für Ordenspersönlichkeiten mit großem

Im Hochaltar die Altar-heiligen: Elisabeth reicht einem Kind einen Rock und Klara, die die Mons-tranz trägt

Gefolge – etwa bei Krönungsfeierlichkeiten. Nachdem das Amt des Hoch- und Deutsch-meisters in die Hände des Hochadels gelangt und fürstliche Repräsentation gefordert war, ließ der amtierende Hochmeister 1709 das alte Ordenshaus abreißen und jenes Gebäude errichten, dessen Fassade heute noch das Bild der Kommende bestimmt. Das Kirchen-innere wurde ebenfalls barockisiert.

Als Frankfurt 1866 preußisch geworden war, sorgte man sich in Wien um die Zukunft der ehemaligen Anlage. Wiewohl der Deutsche Orden sie im Jahr 1881 an die Katholische Gemeinde Frankfurts verkaufte, nutzen Gemeinde und Orden die Kirche bis heute gemeinsam. Die Deutschordens-kirche wurde in den achtziger Jahren des 19. Jahrhunderts restauriert und erhielt im Innern ihre ursprüngliche Gestalt zurück. Bei der Regotisierung wurde sie auch wieder mit den entsprechenden Altären ausgestattet.

Die Wirkung des Innenraums war anfangs in starkem Maß vom Licht und wohl auch von Farbe bestimmt. Vermutlich waren die Fenster bleiverglast und farbig, da ja das 13. und das 14. Jahrhundert als große Zeit der Glasmalerei gilt. Hinzu kamen die Wandmalereien, vor allem im Chor und im Bereich der Nischen im Kirchenschiff.

Der Elisabethfries

Der wohl um 1520 entstandene Elisabethfries auf der südlichen Langhauswand ist (wie der Georgenfries gegenüber) in Tempera aufgetragen und wurde leider bei der Aufdeckung beschädigt. Im Stil der Zeit hat man ihn dann in Nazarenermanier restauriert. Er erzählt in vierzehn Bildern legendenhaft das Leben der Heiligen nach, beginnt dabei mit der Verkündigung der Geburt der ungarischen Königstochter am Thüringer Hof (durch den Seher Klingsor) und anschließend, wie sie im Kindesalter in höfischem Zeremoniell mit dem Landgrafen vermählt wurde. Die folgenden Szenen führen uns die immer wieder erstaunenden Stationen ihres kurzen Lebens vor Augen: Elisabeth verlässt nach dem Tode ihres Gemahls mit ihren Kindern die Wartburg und übt in Marburg in einem solchen Maß Werke der Barmherzigkeit, dass ihre Dienerin sie mit einem Stock zu mehr Zurückhaltung auffordert. Als letztes zeigt die Schlichtheit der franziskanischen Kutte, die die Verstorbene umhüllt, den Kontrast zu dem glänzenden Ornat der kirchlichen Würdenträger. Schließlich hatte sich Elisabeth bereits 1228 von allem Glanz der Welt losgesagt.

Die Wandbilder in der Taufkapelle stammen aus verschiedenen Zeiten. Die an der Südwand des Anbaus sind wohl die wertvollsten. Sie zeigen Elisabeth, die einem nackten Kind einen Mantel reicht, die Heilige Katharina mit Schwert und Rad und die Heilige Barbara mit dem Turm. Unter den erhöhten Seitengruppen knien in gemalten Architekturteilen zwei betende Ordensritter, die Stifter der Bilder.

Die Heilige Elisabeth betreut einen Kranken

Ein wohl vom Elisabethfries inspiriertes Meisterwerk

Adam Elsheimer gilt als einer der bedeutenden Maler, den Frankfurt hervor gebracht hat. Mit einer neuen künstlerischen Sicht leitete er um 1600 einen Epochenwandel ein und wurde schon zu seinen Lebzeiten von seinem Freund Peter Paul Rubens sehr bewundert. Als junger Mann, 1597, malte er ein Bild, das die Heilige Elisabeth (begleitet von zwei vornehm gekleideten Helferinnen) im Krankensaal eines Hospitals beim Austeilen von Speisen und Getränken zeigt und das heute im „Institut for the history of Medicine" in London zu sehen ist.

Am Scheitel des abgebildeten rundbogigen Fensters weist das Wappen des ungarischen Königshauses auf die Herkunft Elisabeths hin. Darunter steht auf der Fensterbank eine Vase mit einer Rose, die hier als Attribut der Heiligen zu verstehen ist. Über dem Wappen erkennt man an der Balkendecke eine Schwalbe in ihrem Nest, ein Sinnbild der Auferstehung. An der rechten Seite betritt ein mit rotem Barett und Pelzkragen geschmückter Patrizier den Raum. Er spricht mit einer neben ihm stehenden Dienerin und zeigt mit der ausgestreckten Hand auf das beispielhafte Handeln der Prinzessin.

Auch wenn das Jugendwerk Elsheimers unter Kennern gerühmt wird, weist es noch einen gewissen Mangel an perspektivischen Kenntnissen auf. Auch die Figuren sind wenig originell, sondern dem damals gewohnten Typenschatz altdeutscher Vorbilder entnommen. Möglicherweise hatte sich Elsheimer bei der Behandlung des Themas, beim Erzählstil und bei der Erfindung der Figuren vom Fries in der Hospitalkirche des Deutschordens anregen lassen. Hier findet sich nämlich auch das Motiv der aufgereihten Kranken, die von der Heiligen gepflegt werden.

Angesichts der katholischen Thematik des vorliegenden Bildes, das vor der Abreise des Malers um 1597 entstanden sein muss, kann es sich nur um eine Auftragsarbeit handeln, die Elsheimer in der überwiegend protestantischen Stadt ausführte – vielleicht für die Hospitalkirche oder ein Mitglied der Deutschordenskomturei.

Institute for the History of Medicine, London

Geheimnis des Glaubens

Das ehemalige Nonnenkloster Reichenbach

Leider schweigt die archivalische Überlieferung sowohl über die Gründung des Ortes Reichenbach als auch über die Besitzer der ersten nachgewiesenen Kirche und ihres Nachfolgebaus. Die Größe und die Grundrissdisposition der Anlage zeigen aber, dass es sich wohl um ein Kloster handelte, das von einer wohlhabenden Dynastenfamilie oder als Filiation einer anderen Abtei gegründet worden war. Gerade im 10. und 11. Jahrhundert richteten sich nicht nur das Königshaus und der Hochadel, sondern vermehrt auch vermögende Kleinadlige so genannte „Hausklöster" ein.

Der Stammsitz der Reichenbacher Grafen, einer Linie der Grafen von Ziegenhain, ist seit 1089 hier nachweisbar, sie starben aber schon 1272 aus. Die Burg und die Herrschaft gingen um 1230 erst an die Landgrafen von Thüringen und später in der Folge des hessisch-thüringischen Erbfolgekrieges an Hessen. Seit dem späten 11. Jahrhundert (besonders aber zwischen 1140 und 1160) erfolgte im hessisch-thüringischen Raum im Rahmen der kirchlichen Reformbewegung eine Welle von Klostergründungen durch neugegründete Orden. Parallel zur Gründung ihres Klosters in Aulesburg, das 1250 nach Haina verlegt

wurde, haben die Grafen in Reichenbach offenbar eine Neugründung des Nonnenklosters initiiert. Mit erheblichem Aufwand an architektonischem Können errichteten sie neben den Klostergebäuden im Rahmen dieser Neugründung die heute teilweise noch erhaltene Kirche. Allerdings erfahren wir über die Herkunft und den Orden der Nonnen, über ihre Organisation, ihre Anzahl, geschweige denn über den Bauverlauf der Kirche nichts.

Die dreischiffige Basilika mit Querschiff und geradem Chorschluss entstand wohl um 1140. Erhalten blieb von dem staufischen Bau nur das Langhaus, dessen je sechs Arkaden zwischen Mittelschiff und den Seitenschiffen im Wechsel von einem Pfeiler und zwei Säulen getragen werden. Damit ist diese Kirche das erste Beispiel für die Verwendung des Niedersächsischen Stützenwechsels in Hessen. Die Säulen sind wuchtig, haben schwere Würfelkapitelle mit kräftigen Kämpferplatten und Schachbrettfriesen. Am östlichen Kapitell der Nordseite sieht man in flachem, kerbschnittartigem Relief eine derb-naive Darstellung von Löwen, Vögeln, Fabelwesen und Weinranken. Über den Arkaden selbst liegt ein Horizontalgesims mit Schachbrettfries. Um 1500 erhielt die Kirche einen hohen

Westturm, in dessen Erdgeschoss das einst nach außen gerichtete romanische Westportal einbezogen wurde. Ein Sgraffito von der jüngsten Restaurierung der Kirche in den Jahren 1954-1956 prägt heute den Raumeindruck.

Bei einer Fürstenversammlung in Nordhausen, bei der im Jahr 1207 auch der deutsche König Philipp von Schwaben anwesend war, schenkten Vertreter der Grafen von Ziegenhain-Reichenbach die Kirche mit allem Zubehör und Nutzen dem Deutschen Orden. Die Stifter folgten damit einem Aufruf des Patriarchen von Jerusalem und der Meister der Templer- und Johanniter-Orden an den König von Jerusalem und die Fürsten, der darum bat, die in Bedrängnis geratenen Kreuzfahrerstaaten im Heiligen Land zu unterstützen.

Aus der Schenkung von 1207 ging eine der ersten bedeutenden Niederlassungen des Ordens im Deutschen Reich hervor – immerhin 27 Jahre vor der Schenkung des Elisabeth-Hospitals in Marburg. Schon um 1220 war die Ordensniederlassung Reichenbach als Komturei Mittelpunkt des Ordensbesitzes im osthessischen Raum. Auch nach der Reformation blieb der Deutschorden bis zur Auflösung im Jahr 1803 im Besitz des Kirchenpatronats, vernachlässigte allerdings seine Pflichten zur Unterhaltung der Kirche schmählich, so dass der Landgraf von Hessen-Kassel, Wilhelm IX., 1788 eingreifen musste, um wenigstens einen Teil der Kirche vor dem völligen Verfall zu retten.

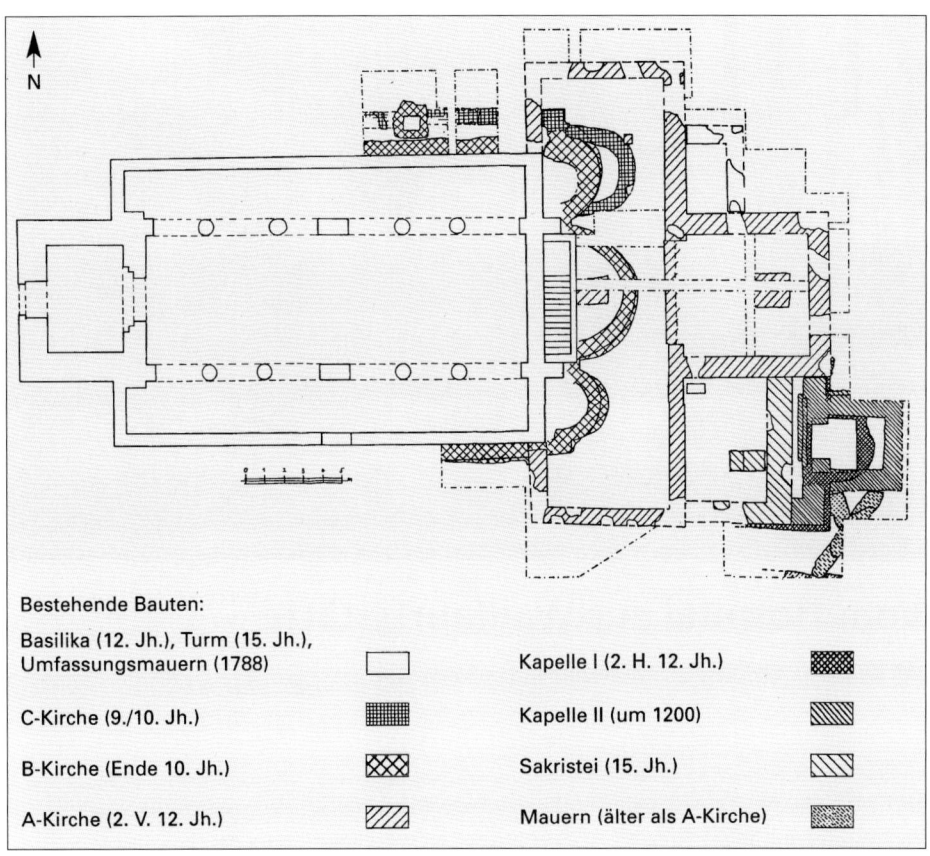

Bestehende Bauten:

Basilika (12. Jh.), Turm (15. Jh.),
Umfassungsmauern (1788)

C-Kirche (9./10. Jh.)

B-Kirche (Ende 10. Jh.)

A-Kirche (2. V. 12. Jh.)

Kapelle I (2. H. 12. Jh.)

Kapelle II (um 1200)

Sakristei (15. Jh.)

Mauern (älter als A-Kirche)

Der torsohafte Charakter der Basilika sorgte dafür, dass man Anfang der siebziger Jahre des 20. Jahrhunderts begann, in den Archiven nach älteren Schriftquellen oder Plänen zu suchen. Und tatsächlich zeigt ein Katasterplan des 18. Jahrhunderts, dass das Gebäude weitaus größer war als heute und einen kreuzförmigen Grundriss hatte. Diese Erkenntnis wurde 1973 zum Ausgangspunkt für eine Lehrgrabung im Rahmen des „Christlich-Archäologischen-Seminars" der Marburger Philipps-Universität, bei der den teilweise abgebrochenen Bauteilen nachgespürt wurde. Diese Untersuchungen dauerten bis 1976 an.

Die freigelegten Fundamente wurden gesichert und dort, wo sie zerstört waren, auch ergänzt und für die interessierten Besucher in Form eines kleinen archäologischen Parks östlich der heutigen Kirche sichtbar erhalten. Neben den Fundamenten der romanischen Basilika konnten zwei Vorgängerbauten nachgewiesen werden, die sich in ihrer Ausrichtung aufeinander bezogen.

Vom Hospital zur Wallfahrtsstätte

Der deutsche Orden und die Elisabethtradition in Marburg

Das 1228 von der verwitweten Landgräfin Elisabeth von Thüringen gegründete Franziskushospital, das Papst Gregor IX. 1234 auf Bitten der Landgrafen Heinrich und Konrad dem Deutschen Orden übertrug, war der eigentliche Ausgangspunkt für das Deutsche Haus in Marburg. Kaiser Friedrich II. bestätigte den Besitz im Juli des gleichen Jahres – und Landgraf Konrad selbst hatte sich drei Jahre nach dem Tod der Landgräfin Elisabeth entschlossen, mit zwei Klerikern und neun Adligen in Marburg in den Deutschen Orden einzutreten.

Bedenkt man, dass sowohl der Papst als auch der Kaiser in die Übertragung des Franziskushospitals eingeschaltet wurden und dass nun mit Konrad erstmals ein Angehöriger einer reichsfürstlichen Familie in den Deutschen Orden eintrat, so lässt dies vermuten, dass die Landgrafen von Thüringen zusammen mit dem Deutschen Orden einen großzügigen Ausbau der Wirkungsstätte Elisabeths und ihrer Verehrung in Marburg beabsichtigten. Dazu kommen die vielen reichen Schenkungen an das neue Haus sowie die

Wiederaufnahme des Heiligsprechungsverfahrens der verstorbenen Landgräfin Elisabeth. Der Deutsche Orden scheint mit der Gründung des „Deutschen Hauses" zu Marburg im ureigenen Interesse weitreichende Ziele verfolgt zu haben. Und mit dem Bau der neuen großen Ordenskirche, deren Planung wohl schon in das Jahr 1234 zurückreicht, sollte hier in Marburg über dem Grab der bald Heiliggesprochenen das geistliche Zentrum des Ordens entstehen.

Die ehrenvolle Pflicht des Baus einer großen Ordenskirche, die der Deutsche Orden übernahm, wurde zudem durch die große Zahl der Ablassurkunden für die Elisabethkirche kräftig gefördert und erleichtert. Anhand dieser Urkunden lassen sich nicht nur die Hauptdaten zur Baugeschichte rekonstruieren, sondern auch Daten von Altarweihen festlegen. Dass die Baumaßnahmen 1283 noch nicht abgeschlossen waren, zeigen übrigens die Urkunden der Hochmeister aus diesem Jahr. In ihnen gestatteten sie nämlich den Verkauf der Bücher verstorbener Ordensgeistlicher zum Besten des Kirchenbaus. Wichtige Kenntnisse zum Baufortschritt überliefern darüber hinaus die „Kurzen Annalen des Deutschen Hauses zu Marburg" (seit 1235). Sie geben auch Nachricht davon, welche große Bedeutung der Deutsche Orden der Elisabethkirche als dem „Ordensmünster" noch im ausgehenden 18. Jahrhundert zumaß.

Die Flut von Ablassbriefen, die im 13. Jahrhundert zur Förderung des Kirchenbaus von fast allen Bischöfen Deutschlands, aber auch von Bischöfen aus Italien, Griechenland und dem Heiligen Land ausgestellt wurden, zeigen außerdem, dass der Deutsche Orden im ehemaligen Hospitalgelände noch weitere umfangreiche Baumaßnahmen begonnen hatte: 1254 wurde das neu erbaute Krankenhaus mit der zugehörigen Elisabethkapelle geweiht. 1268 begann man auf dem Friedhof der Fremden mit der Einrichtung der Kapelle des Heiligen Michael. Und 1287 wurde die Franziskuskapelle geweiht, die die Tradition der Hospitalkapelle, in der die Heilige Elisabeth 1231 starb, fortsetzte.

Verzeichnisse über die reiche Innenausstattung der Elisabethkirche sind erst seit Ende des Mittelalters erhalten. Das ausführliche Inventar von 1546 lässt trotz mancher Verluste erkennen, welch großen Reichtum an liturgischen Geräten und Gewändern die Gemeinde im Mittelalter besessen hat. Der größte Teil dieses Schatzes kam 1584 und 1586 in die Schlosskirche zu Mergentheim, da in dem nunmehr lutherischen Gotteshaus in Marburg keine Verwendung mehr dafür bestand.

Die Elisabethkirche

Die große Tradition der Bauhütten begünstigte durch die Wanderschaft der Gesellen und die Entsendung von Meisterknechten zu auswärtigen Baustellen nicht nur die Verbreitung neuer Bauformen von Frankreich nach Deutschland, sondern naturgemäß auch innerhalb Hessens. Insofern ist es durchaus berechtigt, von einer „hessischen Bauschule" der Hallenkirchen zu sprechen. Sie geht von der Elisabethkirche in Marburg aus, die zugleich Beginn und Höhepunkt der gotischen Baukunst in Hessen ist und deren Bedeutung weit über die Landesgrenzen hinausreicht.

Anlass für die Errichtung eines derart prächtigen Bauwerks war bekanntermaßen die Heiligsprechung der Landgräfin Elisabeth nur vier Jahre nach ihrem Tod: Die kleine Kapelle des Franziskanerhospitals war für den Pilgerstrom zum Grab der vom Volk verehrten Heiligen bald zu klein. Friedrich II. übertrug die Kapelle dem Deutschen Orden, in dem 1239 Landgraf Konrad zum Hochmeister avanciert war. Die neuentstehende Elisabethkirche sollte später dem hessischen Zweig der Familie als Grablege dienen. Damit hatte der Bau vier Funktionen zu erfüllen, aus denen sich auch die Trikonchos genannte Chorform mit drei nach Osten, Süden und Norden ausgerichteten Polygonen ergab: Das östliche Polygon diente als Chor der Deutschordenskirche, das nördliche als Grablege der Heiligen Elisabeth, das südliche als Gruft für den Landgrafen Konrad (und später die Landgrafen von Hessen), während das Schiff als Kirche der Pilger genutzt wurde.

Da bei einer Hallenkirche alle drei Schiffe gleich hoch und meist auch gleich breit sind, eignet sich ein solcher Raum, in den viel Licht von den Seiten einströmen kann, besonders als Pfarr- und Pilgerkirche für große Volksmengen.

Sie können darin besser der Liturgie und der Predigt folgen als in den hierarchisch gestuften, meist in mystisches Dämmerlicht getauchten Basiliken. In der deutschen Baukunst des 13. Jahrhunderts brach deshalb ein regelrechtes Hallenfieber aus, in dem man sogar (in technisch gewagter Weise) Basiliken durch das Ausbrechen der Obergadenwände nach Erhöhung der Seitenschiffe umbaute.

Das Langhaus der Elisabethkirche hat dennoch einen für Basiliken typischen Grundriss, bei denen das Mittelschiff ja entsprechend seiner doppelten Höhe auch doppelt so breit ist wie die Seitenschiffe. Man hatte offenbar zunächst eine Basilika geplant und sich erst während des Baus für eine Hallenkirche entschieden. Somit erhält der Innenraum seinen ganz eigenen Charakter durch die Verbindung des basikalen Grundrisses mit dem Aufriss eines Hallenraumes. Alle Raumteile sind kreuzrippengewölbt, und die Jochgrenzen durch Gurtbögen markiert. Das einheitlich zweigeschossig durchfensterte Wandsystem folgt der Frühgotik der Champagne. Von dort stammen auch die Formen der kristallinen, von Laufgängen vor den Fenstern durchbrochenen Strebepfeiler und deren in Obergadenhöhe zurückgesetzten Pultabdeckungen.

An der Fertigstellung der Türme hat man noch im ersten Viertel des 14. Jahrhunderts gearbeitet. Sie bestehen bis in die Kreuzblumen der Helme hinein aus Stein und gehören zu den wenigen, die gleich und nicht erst im 19. Jahrhundert vollendet wurden. Die architektonischen Neuerungen sind auf Inspirationen aus Frankreich und die frühgotischen Kathedralen zurückzuführen. Das trifft vor allem auf die Außen- und die Raumform der Hallenkirche, ihre Dachgestaltung und auf das Maßwerk zu.

Der Innenraum des mittelalterlichen Sakralbaus berauscht mit seiner reichen Ausstattung an Glasgemälden, Altären, Lettner, Skulpturen, Grabdenkmälern und mit dem Elisabethschrein. Da die Kirche und ihr Innenraum wie kaum eine andere von Veränderungen und Eingriffen verschont geblieben sind, gewinnt man hier ein selten vollständiges Bild von der Gestalt einer gotischen Kirche. Fast alle anderen Sakralräume wurden im Lauf der Zeit entweder leergeräumt (wenn sie nach der Reformation lutherisch oder calvinistisch geworden waren) oder barock neu ausgestaltet (wenn sie katholisch blieben). Einzig die heute sehr harmonische Raumstimmung der Elisabethkirche mit Naturstein– und Putzflächen täuscht – einst waren sie alle in einem relativ intensiven Rot mit weißem Fugennetz bemalt, wie die erhaltenen Reste vor allem in der Sakristei beweisen. Auch diese und ähnliche Farbfassungen sind uns aus Frankreich bekannt.

Sechs der östlichen Chorfenster im Altarraum haben noch ihre mittelalterlichen Glasgemälde, sodass man hier zugleich einen seltenen Eindruck von der originalen Lichtgestaltung gotischer Sakralräume gewinnt. Ursprünglich waren alle Fenster der Kirche farbig verglast, da die herrlich großen Fensterflächen damals gerade dazu einluden, auf ihnen voller Emphase aus der Heilsgeschichte und den Wundern der Heiligen zu schöpfen. Herausheben müssen wir an dieser Stelle das Elisabethfenster: Auf zwei Bahnen und insgesamt elf medaillonartigen Szenen von hoher künstlerischer Qualität sieht man eine für die Entstehungszeit um 1240 ungewöhnlich lebendige und ausdrucksstarke Erzählung aus dem Leben der Heiligen Elisabeth. Während die rechte Seite entscheidende Stationen auf dem Weg von der prunkgewohnten Fürstin zur sich bedingungslos aufopfernden Dienerin der Armen zeigt, präsentiert die linke Seite Elisabeth als personifizierte Barmherzigkeit bei der Ausübung ihrer guten Werke.

Die Landgrafen von Hessen hatten nach mittelalterlichem Verständnis übrigens den Wunsch, möglichst dicht bei ihrer heiligen Stammmutter bestattet zu werden. Deshalb wählten sie das Südquerschiff, nahe des Elisabeth-Sarkophags, zu ihrer Grablege, das man daher den Landgrafenchor nennt. Für ihre Größe und ihre reiche Ausstattung ist die Bauzeit der Kirche

(weniger als 100 Jahre) erstaunlich kurz, dementsprechend sind auch die Formen ungewöhnlich einheitlich. Es handelt sich um ein Bauwerk „aus einem Guss", wie wir es sonst
nur aus dem 19. Jahrhundert kennen. Den Eindruck bestärkt auch der hervorragende
Erhaltungszustand. Die Erklärung für die relativ kurze Bauzeit liegt natürlich vor allem
in der reichlichen Ausstattung mit Finanzen; zunächst durch den Kaiser, den Deutschen

Orden und die Landgrafen von Thüringen, ab
1247 durch die Landgrafen von Hessen, und
die nicht zu unterschätzenden Spenden der
unzähligen Pilger.

Die Pilger betraten die Kirche durch das berü-
ckend schöne, zweiteilige Westportal, das um
1280 gearbeitet wurde und noch seine originalen Holzflügel mit den gotischen Eisenbeschlä-
gen besitzt. Über dem mittleren Bündelpfeiler
steht die Statue der Mutter Gottes zwischen
zwei knienden Engeln vor einem Hintergrund
aus Weinranken und Rosen. Der Weinstock ist
ein Symbol für Christus, die Rose für Maria, die
reine Magd und vollkommene göttliche Liebe.
Maria erscheint als gekrönte Himmelskönigin

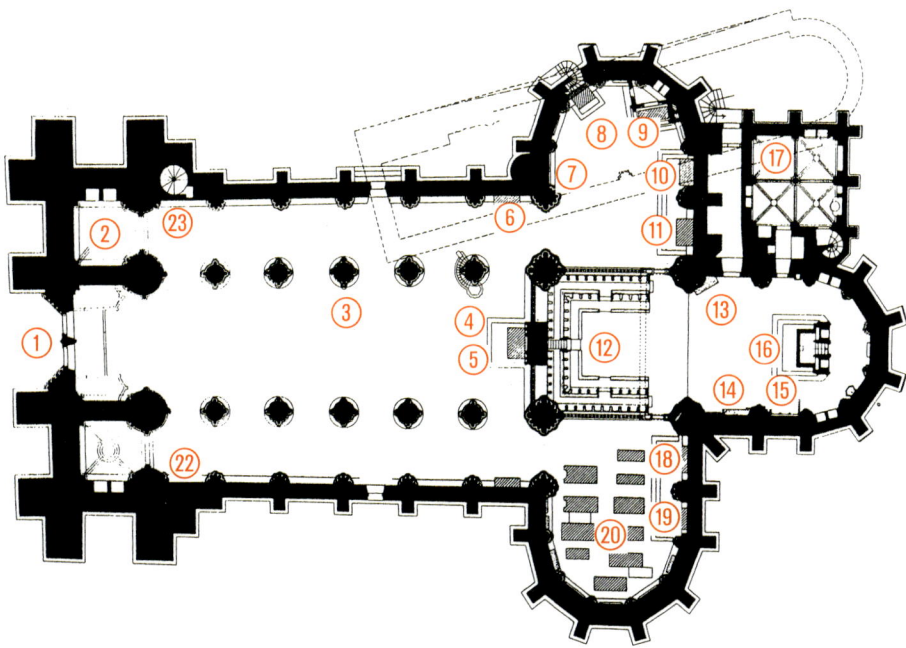

▲ *Grundriß*

① *Hauptportal*
② *Grablege von Hindenburgs*
③ *Madonna am Pfeiler*
④ *Kanzel (1907)*
⑤ *Kruzifix von Ernst Barlach*
⑥ *»Französische« Elisabeth*
⑦ *Grablege der Preußenkönige 1946–1951*
⑧ *Marienaltar mit Vesperbild*
⑨ *Grab Elisabeths*
⑩ *Katharinenaltar*
⑪ *Elisabethaltar mit Kreuzwunder*
⑫ *Vierung mit Chorgestühl*
⑬ *Grabmal Philipp Leopold von Neuhof*
⑭ *Grabmal Graf August von der Lippe*
⑮ *Dreisitz mit Elisabethfigur Juppes*
⑯ *Hochaltar*
⑰ *Elisabethschrein (Goldener Schrein)*
⑱ *Johannesaltar*
⑲ *Georg- /Martin-Altar*
⑳ *Grablege der hessischen Landgrafen*
㉑ *Zwei erhaltene Lettnerfiguren von Juppe*
㉒ *Elisabethaltar*
㉓ *Sippenaltar*

am Portal, wo sie als Patronin des Deutschen Ordens dessen Besitz- und Verfügungs-anspruch über die Kirche repräsentiert. Beim Betreten des Innenraumes, der zu den schönsten der deutschen Gotik zählt, sind wir heute ebenso beeindruckt wie die unzäh-ligen Pilger des Mittelalters. Es hat sich glücklicherweise auch hier kaum etwas geändert, die Wallfahrtskirche hat noch immer den reichsten und qualitätsvollsten Bestand an mittelalterlichen Ausstattungsstücken.

Freilich: Als die Kirche im Mittelalter noch allein auf freiem Felde vor den Toren der Stadt stand und nur von den Bauten des Deutschen Ordens umgeben war, wirkte sie auf die Pilger sicher noch gewaltiger. Marburg jedenfalls gehörte bald zu den wichtigsten Wallfahrtsstätten der mittelalterlichen christlichen Welt.

Die ehemaligen Deutschordensgebäude

Von den stattlichen Gebäuden, die einst einen eigenen geschlossenen Bezirk um die Elisabethkirche bildeten, sind heute nur noch wenige erhalten: auf der Nordseite der Kirche das „Deutsche Haus", dessen Ostflügel die Wohnung des Komturs enthielt, der vorgekragte östliche Chorerker der Hauskapelle aus den Jahren 1530-31, der in neuerer Zeit zu einem Turm erhöht wurde, und in der Hofecke des Dreiseithofs ein polygonaler Treppenturm.

Das „Deutsche Haus" war der Verwaltungsmittelpunkt, in dem von 1234 bis 1809 die Deutschordensballei Hessen ihren Sitz hatte. Die Stirnseite des Ostflügels schmückt ein Erker von 1483 unter einem verschieferten Spitzdach. In den Brüstungsfeldern des vierbahnigen Fensters sehen wir die Wappenschilde des Deutschen Ordens und des Landkomturs Dietrich von Cleen. Nach Westen schließt sich das ehemalige Herrenhaus an. Einem massiven Unterbau aus dem 13. Jahrhundert wurden um 1481 die ehemals offenen Arkaden vorgebaut, das Fachwerkobergeschoss mit Mansarddach kam im späten 18. Jahrhundert hinzu. Das Portal wurde mit dem Wappen des Komturs, dem Kardinal und Bischof von Speyer dekoriert. Kurz nach 1888 hatte man die Alte Komturei abgebrochen und von hier das Wappen transloziert. Im südlichen Winkel gibt es noch einen kleinen Renaissancebau von 1572. Die Gebäude sind heute Universitätsinstitute.

Die St. Michaelskapelle

Das so genannte „Michelchen" am Berghang westlich der Elisabethkirche wurde 1270 geweiht. Sie war ursprünglich die Friedhofskapelle des Deutschen Ordens, des Elisabeth-Hospitals und der Pilger. Seit 1530 waren dann auch bürgerliche Begräbnisse auf dem Friedhof gestattet. Es ist ein kleiner einschiffiger dreijochiger Bau, den ein barocker Dachreiter krönt. Die Maßwerkfenster sind nach dem Vorbild der Elisabethkirche gearbeitet.

Das Innere, mit frühgotischen Rippengewölben auf Wandkonsolen ausgestattet, wurde 1960 in der ursprünglichen Farbigkeit restauriert. Für die Umdeutung Elisabeths im evangelischen Sinne hatte Landgraf Philipp der Großmütige die Gebeine der Heiligen aus dem vergoldeten Schrein ihrer Kirche in Marburg herausnehmen und sie auf dem der Kirche vorgelagerten Pilgerfriedhof begraben lassen. Der protestantische Territorialherr wollte damit dem Heiligen- und Reliquienkult ein Ende bereiten.

Das ehemalige Backhaus

Von den zahlreichen landwirtschaftlich genutzten Gebäuden (Schweizerei, Ställe, Weinkeller, Speicher, Frucht- und Brauhaus), die zum umfangreichen Deutschordensbezirk
gehörten, steht noch heute das ehemalige Backhaus, das auch als Kornspeicher diente.
Die westliche Giebelseite des massiven Steinbaus, der 1515 errichtet wurde, ist auf den
Ostchor der Elisabethkirche ausgerichtet. Er hat ein hohes, steiles, verschiefertes Satteldach mit nur kleinem Schopf. Die kleinen Rechteckfenster belichten die Räume, und ein
halbrunder massiver Treppenturm mit Fachwerk-Aufsatz auf der Giebelseite ermöglichte
den Zugang zu dem Gebäude. Den Bau ziert ebenfalls ein Wappenschild. Heute beherbergt er das Mineralogische Museum der Universität.

Die Siechhauskapelle St. Jost

Für die mittelalterlichen Menschen war Lepra ein von Gott gesandtes Schicksal. Wirksame medizinische Mittel standen damals nicht zur Verfügung und man schützte sich vor Ansteckung, indem man die Kranken aus der gewohnten Lebensgemeinschaft absonderte; sie „aussetzte" – daher auch der Name „Aussatz". Die Unterbringung der Leprosen erforderte nun die Errichtung von besonderen Behausungen in geringer, aber doch sicherer Entfernung vor der Stadt

Die „Untere Sieche" in Weidenhausen, also vor den Toren der Stadt Marburg, war ein vor 1335 für leprakranke Frauen angelegter Siechenhof, dem die Hospitalkapelle St. Jost angehörte. Die Frauensieche wurde 1969 abgebrochen und es blieb die Kapelle als Friedhofskapelle auf dem ehemaligen Siechenfriedhof übrig. Sie ist ein kleiner Saalbau mit einem dreiseitig geschlossenen gewölbten Chor des frühen 14. Jahrhunderts, der um 1580 entstand.

Das Hospitalgebäude, ein kleiner verschieferter Fachwerkbau des 16. Jahrhunderts und die für leprakranke Männer angelegte „Obere Sieche" wurden zur gleichen Zeit abgerissen. Der Siechenfriedhof bestand spätestens seit 1598, als die Stadt für 300 Gulden einen Garten erwarb, um ihn als Friedhof für die Toten der „Unteren und Oberen Sieche" zu nutzen. Wir finden hier rund 200 alte Grabsteine, die jedoch überwiegend aus dem 19. Jahrhundert stammen.

Der Kerner

Die relativ kleinen Friedhöfe rings um die Pfarrkirchen in den Städten und Dörfern mussten im Spätmittelalter durch das Anwachsen der Bevölkerung zunehmend dichter belegt werden. Beim Ausheben neuer Gräber stieß man deshalb immer öfter auf die Gebeine früherer Bestattungen. Da die Menschen des Mittelalters fest an die leibliche Auferstehung der Toten glaubten, mussten alle Skelettteile an einem geweihten Ort aufgehoben werden. Daraus entstand der Bautyp der „Kerner", im Deutschen treffender als „Beinhaus" bezeichnet. Viele dieser Beinhäuser sind inzwischen verschwunden. In Marburg steht aber noch eines: östlich der Marienkirche.

Der Marburger Kerner wurde Anfang des 14. Jahrhunderts am Eingang zum Pfarrhof erbaut. Das Erdgeschoss bot mit einem einfachen Kreuzgratgewölbe den Gebeinen Raum, im Obergeschoss hatte man eine Kapelle zum Heiligen Kreuz eingerichtet, die ursprüng-

lich aber auch nur ein großer rippengewölbter Raum war. Relativ bald hat man dann zumindest das Obergeschoss umfunktioniert. Es diente erst als Rathaus, dann als städtisches Zeughaus. Ab 1684 wurde der gesamte Kerner zur Pfarrwohnung umgebaut und unterteilt.

Im Marburger Kerner (Ritterstraße 7) wuchs der Pfarrersohn Carl Justi (1832-1912) auf. Justi war Kunsthistoriker und Professor für Philosophie und lehrte von 1867 bis 1871 an der Marburger Universität. Er verfasste zahlreiche, maßgebliche Biographien kunsthistorisch bedeutender Persönlichkeiten wie etwa Winckelmann oder Michelangelo und ist in einschlägigen Kreisen noch immer bekannt.

Das ehemalige Elisabeth-Hospital

Die malerischen, ruinösen Überreste des ehemaligen Hospitals sind vor allem Relikte der Kapelle des Deutschordens-Hospitals, das 1254 erbaut wurde. Es entstand erst in der Nachfolge des von Elisabeth 1228 gegründeten Hospitals St. Franziskus. Nach der Ordensaufhebung im Jahr 1809 wurde es zur Universitätsklinik umgewandelt, 1886 aber abgebrochen, weil es den Nutzungsansprüchen nicht mehr gewachsen war. Die Ruine der Hospitalkapelle, die südlich der Elisabethkirche liegt, zeigt den ursprünglichen, einschiffigen Bau mit Chor im 5/8- Schluss. Die Fenster wurden allerdings verändert. Zu sehen sind darüber hinaus das alte romantisch überwucherte, gotische Taufbecken und der große Wappenstein aus dem Jahr 1744, der für das lange verschwundene Hospitalportal von Johann Friedrich Sommer gearbeitet wurde.

In der Nachfolge der Elisabethkirche

Die hessischen Hallenkirchen

Der Einfluss der Elisabethkirche in Marburg über dem Grab der heiliggesprochenen Landgräfin war so groß, dass er sogar die Gestalt der Zisterzienserkirche in Haina bestimmte. Im Grundriss der frühen Ostteile gleicht Haina noch weitgehend dem romanischen Stil aus Eberbach, beim aufgehenden Mauerwerk werden allerdings im Maßwerk und in den Gewölben die Formen der nordfranzösischen Kathedralgotik verwendet, die Bernhard von Clairveaux bis zu seinem Tode für den Zisterzienserorden als zu prächtig abgelehnt hatte. Die bewusste Verwendung von Glasgemälden, figürlichen Schlusssteinen und Tierdarstellungen an den Konsolen der Gewölbedienste zeigt daher nur zu deutlich, wie weit man sich von den Lehren Bernhards entfernt hatte.

Auch die Stiftskirche in Wetter ist als Hallenkirche mit kantonierten Rundpfeilern, leicht als Nachfolgebau der Elisabethkirche zu erkennen. Das getreueste Abbild der Elisabethkirche ist jedoch die Stadtpfarrkirche in Frankenberg. Das Hallenlanghaus mit seinen Maßverhältnissen und kantonierten Rundpfeilern folgt ebenfalls ganz dem „Modell" aus Marburg.

Die Kirchen der Marburger Bauschule lassen ihre Gemeinsamkeiten aber auch durch die Farbgebung im Innenraum erkennen. Derartig differenzierte Raumfassungen waren eigentlich auf die Hochgotik beschränkt. Allerdings kam es natürlich dazu, dass man die Ausmalungen erneuerte, wie zum Beispiel nach einem Brand (1476) in der Stadtkirche in Frankenberg. Dort wurden alle Flächen weiß gestrichen, die Architekturglieder dagegen in einem warmen Rot mit weißen Fugen abgesetzt.

Almudis und Digmudis lassen grüßen

Die ehemalige Stiftskirche St. Maria in Wetter

Wetter, das um 850 erstmalig unter dem Namen „Wetrehen" als Mittelpunkt einer Mark erwähnt wird, liegt an einer Furt, an der die „Weinstraße", eine wichtige Heer- und Handelsstraße, die Wetschaft überschritt.

Möglicherweise hat aber an dieser strategisch bedeutsamen Stelle schon vorher eine karolingische Straßenfestung existiert. Sie wird dort vermutet, wo heute das 1107 erstmals erwähnte Kanonissenstift steht, das (nach der örtlichen Überlieferung) von den Königstöchtern Almudis und Digmudis zur Zeit Heinrichs II. (um 1215) gegründet worden sein soll. Der angebliche Grabstein der legendären Gründerinnen mit einer Inschrift aus dem 13. Jahrhundert steht noch in der Stiftskirche.

Das Stift war ursprünglich wohl reichsunmittelbar und dürfte um 1120 an das Erzstift Mainz gefallen sein. Nach seiner Aufhebung im Jahr 1527 ging die Stiftskirche an die Stadt über, während die Besitzungen des Stifts 1532 der hessischen Ritterschaft zur Ausstattung adliger Töchter übertragen wurde. Von den Stiftsgebäuden sind leider nur noch geringe Mauerreste mit Fenstern aus dem 15. Jahrhundert erhalten. Mit dem Stift war eine – seit 1323 in Quellen nachweisbare – Lateinschule verbunden, der Wetter im Mittelalter nicht nur die große Zahl seiner Studenten verdankt, sondern aus der auch tatsächlich zahlreiche bedeutende Gelehrte hervorgegangen sind.

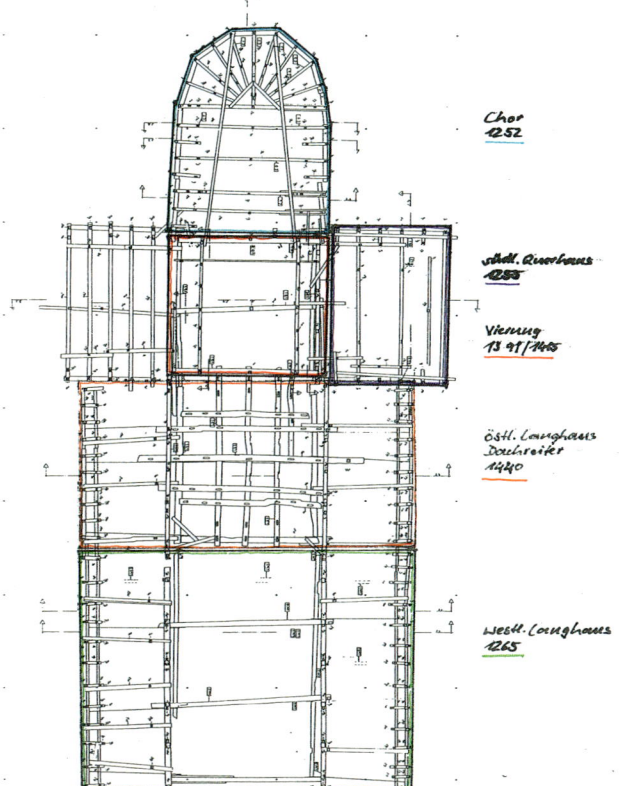

Chor
1252

städl. Querhaus
1255

Vierung
13 91/1265

östl. Langhaus
Dachreiter
1440

westl. Langhaus
1265

Die Stiftskirche des 11. Jahrhunderts war zugleich die Pfarrkirche der seit 1223 bekundeten Stadt. Das kleinformatige, roh behauene Quadermauerwerk der unteren Partien der Seitenschiffsaußenwände und die hinter den vorgesetzten, mittelalterlichen Strebepfeilern durchlaufenden Fugenverstriche in Pietra-Rasa-Manier sowie ein zugesetztes Pförtchen mit romanischem Tympanon in der Stirnwand lassen vermuten, dass man in den frühgotischen Bau das Mauerwerk des romanischen Vorgängerbaus einbezogen hat.

Der Neubau der Stiftskirche in Wetter steht nun eindeutig unter dem unmittelbaren Einfluss der Elisabethkirche in Marburg und der Klosterkirche in Haina, auch wenn sie in den Maßen kleiner, in den Einzelformen gröber und altertümlicher und in den Proportionen schwerer und etwas gedrungener daherkommt. Die westfälischen Beziehungen des Stifts sind besonders in den von Marburg und Haina abweichenden, teilweise noch spätromanischen Details spürbar.

Die konkreten Daten fehlen, doch scheint der Bau nach stilistischem Befund zwischen 1250 und 1280 errichtet worden zu sein. Der Westturm kam 1506 hinzu, sein durch Höhe und Schlankheit berühmter Helm wurde aber aus undurchsichtigen Gründen 1783 gekürzt (wahrscheinlich war er zu gotisch) und 1869 sogar abgetragen. Der jetzige Spitzhelm kam erst 1957-58 auf den Turmstumpf.

Die dreischiffige Hallenkirche mit fünf Jochen (Querschiff und Chor aus einem Joch mit 7/12-Schluss) und den Seitenschiffen in Mittelschiffbreite, thront auf dem steil nach Norden zum Wetschafttal abfallenden Terrassenvorsprung. Die Verstärkung der westlichen Langhauspfeiler weist auf die Planung zweier Westtürme hin, auch dies ist ein deutliches Indiz dafür, dass die Marburger Ordens- und Wallfahrtskirche der Heiligen Elisabeth als verehrter und vorbildlicher Bauplan galt. Freilich werden die Formen von Osten nach Westen einfacher, strenger und fortschrittlicher. Dabei sind verschiedene Bauabschnitte von insgesamt vier Meistern feststellbar: Chor, Querschiff, die beiden ersten und die letzten Langhausjoche.

Glasgemälde der beiden Stifterinnen (Hans Gottfried von Stockhausen, 1964)

Die Stiftskirche in Wetter übernahm auch die vielfältigen farbigen Vorgaben von der Elisabethkirche – und einige Anregungen aus Haina. 1962 wurde die ursprüngliche Ausmalung der Zeit um 1300 nach akribischer Untersuchung von alten Farbresten und Befunderfassung erneuert. Sie ist neben der Klosterkirche Haina die bedeutendste gotische Farbfassung eines Kirchenraumes in Hessen. Die Wände, Pfeiler und Gewölbe sind rot mit weißer Quaderung, die Rippen gelb und die Dienste im Chor gelb gestaltet. Im Querschiff und im Langhaus dominiert Weiß-Grau und auf den Gewölben findet sich ein Sternmuster.

Als oberstes Prinzip bei den Sanierungsmaßnahmen galt, substanzmindernde Eingriffe sowie nicht reversible Maßnahmen mit unkalkulierbaren Folgen für den historischen Bestand zu vermeiden und wertvolle Originalbestände der Konstruktion und Oberflächengestaltungen weitgehend zu sichern und zu erhalten.

Von der Pfeilerbasilika zur Hallenkirche

Das ehemalige Zisterzienserkloster in Haina

Als sich die Zisterzienser im frühen 12. Jahrhundert als eine Abspaltung des Benediktinerordens etablierten, suchten sie Distanz von den Verlockungen des weltlichen Lebens, das, ihrer Meinung nach, zu sehr nach Geld und Genüssen strebte. Mit ihrer eigenen Hände Arbeit wollten die Brüder ihr Dasein in strenger Zucht und Ordnung fern der Städte verbringen. Eine erste Niederlassung von Zisterziensern aus Altenkamp nördlich von Haina (an der alten Straße Frankenberg-Wildungen-Fritzlar) aus dem Jahr 1150 hatte keinen bleibenden Bestand, doch eine zweite Gründung durch Altenberger Mönche war ab 1188 von Dauer. 1214 verlegten die Mönche ihr Kloster von der Höhe in das obere Wohratal und gründeten in der Einsamkeit das Kloster Haina. 1224 ist ein Weiheakt der dortigen Klosterkirche bezeugt, der sich freilich nur auf Bauanfänge beziehen kann. Der Bau der nach dem Zisterziensergrundriss angelegten Kirche erstreckte sich nämlich bis in das 14. Jahrhundert und zeigt in seinen einzelnen Elementen französische und westfälische Einflüsse, die in faszinierender Stilvereinigung die Ausstrahlung der Elisabethkirche in Marburg spüren lassen.

Spätestens ein Jahrzehnt nach der ersten Weihe in Haina zeigen sich gotische Stilelemente am Bauwerk, was man in den verschiedenen Bauabschnitten noch sehr gut erkennen kann. Die Klosterkirche ist damit einer der frühesten gotischen Bauten in Deutschland überhaupt. Zwar bildet den oberen Abschluss des Chores in Dachtraufenhöhe noch ein Rundbogenfries mit darüber gelegtem Sägenfries, es ist aber zu vermuten, dass hier Versatzstücke von der ursprünglich geplanten, romanischen Basilika eine sinnvolle Verwendung im frühgotischen Bau gefunden haben. Die großen Prachtfenster aus der französischen Kathedralgotik an der Ostwand des Chores und der nördlichen Querhauswand wollen jedenfalls nicht recht in die sparsam gegliederte Wand passen; deshalb scheint ein nachträglicher Einbau der allzu üppigen Maßwerkfenster gar nicht ausgeschlossen.

Den Ordensgepflogenheiten entsprechend, war die Klosterkirche als dreischiffige kreuzförmige Pfeilerbasilika geplant gewesen. Auch im Zusammenhang mit dem gleichzeitigen Bau der Marburger Elisabethkirche trat dann aber ein tiefgreifender Wandel ein. Der basilikale Plan wurde zugunsten einer Halle fallen gelassen. Das bedeutet: Bei einer Basilika sind die Seitenschiffe wesentlich niedriger als das Mittelschiff, bei einer Halle sind Mittelschiff und Seitenschiffe gleich hoch. Die Baunaht im ersten östlichen Langhausjoch, die nach dem Planwechsel entstand, ist noch deutlich zu sehen. Der innere Gesimsgang, der wohl entsprechend den beiden äußeren Laufgängen der Elisabethkirche das Langhaus mit umfassen sollte, endet vor dem Übergang ins Langhaus.

Die Marburger Elisabethkirche hat im Wesentlichen die gleichen Größenverhältnisse wie die Klosterkirche in Haina. Die Langhauspfeiler zumindest sind identisch, ebenso die Jochbildung. Die Nord- und die Südwand der Klosterkirche zeigen eine auf zisterziensische Kargheit reduzierte Gestalt der Elisabethkirche. Gleichwohl bleibt die Frage offen, welche von beiden Kirchen die Halle eher eingeführt hat: Haina oder Marburg? Ganz sicher ist, dass sich von beiden Kirchen aus die Hallenform in Ober- und Niederhessen verbreitet hat, wie wir es überzeugend bei unseren Beispielen in Wetter oder in der Liebfrauenkirche in Frankenberg an der Eder sehen können. Dass die neuartige Idee der Halle in die zisterziensische Architektur aufgenommen wurde, ohne dass diese vollends auf den basilikalen Eindruck verzichtet hätte, ist gleichwohl eine Besonderheit von Haina.

Gemäß der allgemeinen Ordensbauweise schließt die Kirche turmlos mit der Westfassade ab. Wegen der vermuteten Abhängigkeit des letzten Bauabschnittes der Klosterkirche von der gleichzeitig errichteten Liebfrauenkirche in Frankenberg nimmt man 1328 als Zeitpunkt der Vollendung des gesamten Bauwerks an. Schließlich ist zu betonen, dass die Klosterkirche nicht wie die Marburger Wallfahrtskirche für große Pilger- und Volksmassen gebaut wurde, sondern in ihrer Abgeschiedenheit dem monastischen gottesdienstlichen Leben diente.

Die ursprüngliche, farbige Fassung des Innenraumes wurde 1937-38 freigelegt. Das Ergebnis ist von grundlegender Bedeutung für das Farbbild eines frühgotischen Kirchenraumes und hat damals wohl viele Architekten inspiriert. Analogien finden wir zum Beispiel bei der 1939 freigelegten Farbgestaltung der Zisterzienserkirche Marienstatt und in der 1962 nach ursprünglichen Farbresten erneuerten ehemaligen Stiftskirche in Wetter. Der Raum strahlt im warmen Dreiklang von Gelb, Weiß und Rot, zu dem sich ein lichtes Grün am Laubwerk der Kapitelle und Konsolen genauso harmonisch abhebt, wie die weiße Fugenmalerei in den rötlich gehaltenen Gewölbekappen, die wiederum von sechszackigen Sternen gekrönt sind.

Die umfangreichen Reste der fulminanten Glasmalereien stammen aus der Mitte des 13. bis zum ersten Drittel des 14. Jahrhunderts. Das Generalkapitel von 1134 bestimmte zwar, dass die Fenster „weiß ohne Kreuze und Bilder" zu sein hätten, doch da man sich offenbar nicht an die Verordnung hielt, mussten die früheren Anweisungen im Jahr 1182 nachdrücklich angemahnt werden: *„Gemalte Fenster sollen binnen der Frist von zwei Jahren ersetzt werden; andernfalls fasten ab sofort Abt, Prior und Kellermeister jeden sechsten Tag bei Wasser und Brot, bis die Fenster ersetzt sind."* Die frühen Fenster in Haina standen dann wohl tatsächlich noch fest in der Ordenstradition. In der Nordwand des Seitenschiffes befinden sich zahlreiche schlichte Grisaillefenster – teils mit geometrischen oder auch ornamentalen Teppichmustern, teils mit vegetabilischen Ornamenten wie Efeu, Ahorn, Wein- und Eichenlaub. Die Übernahme von geometrisch strukturierten Grisaillen in die Fenster der Elisabethkirche liefert darüber hinaus eindeutig den Beweis, dass es sich bei solchen Arbeiten schon im 13. Jahrhundert keineswegs mehr um speziell ordensgebundene Kunst handelte.

Foto: U. Haroska

Vom Heiligenkult zurück zur diakonischen Idee

Der „Philippstein" in Haina

Die Stiftung eines Hospitals in Haina hängt eng mit der Klosterpolitik zusammen, die Landgraf Philipp der Großmütige von Hessen (1504-1567) betrieb. Bei der Durchführung der Reformation in seinem Territorium hatte der junge Landesherr 1526 erst die Inventarisierung des Besitzes sämtlicher Klöster und Stifte in Hessen angeordnet – und sie im Jahr darauf aufgehoben.

Das Kloster Haina zählte in dieser Zeit zu den reichsten Abteien in Hessen und verfügte über einen Streubesitz, der von Nordhessen bis nach Gelnhausen und Frankfurt im Süden reichte. Nun wurde es zu einem der sogenannten „Hohen Hospitäler". Philipp gründete diese Landeshospitäler, damit in ihnen die Landbevölkerung unentgeltliche Aufnahme fand, und schloss damit eine große Lücke in der Armenfürsorge. Städtische

Hospitäler gab es nämlich – wie das Elisabethhospital in Marburg beweist – seit dem Mittelalter, denn die ländlichen Gebiete Hessens wurden zuvor von den Klöstern betreut.

Naturgemäß setzte sich der Landgraf wegen seiner Klosterpolitik der scharfen Kritik der Altgläubigen aus. Mit einem Reliefstein des Frankenberger Künstlers Philipp Soldan, der sich noch heute im südlichen Seitenschiff der Klosterkirche befindet, nahm der Fürst zu diesen Protesten Stellung. Und das sehr geschickt: Er präsentierte seine Hospitalgründung als konsequente Fortführung der Ideen der Heiligen Elisabeth, die ja schon zu ihrer Zeit in Marburg (und nicht nur hier) ein franziskanisches Hospital erbaut hatte. Was Elisabeth für die Armen der Stadt getan hatte, das wollte Philipp, seiner eigenen Einschätzung nach, für die Armen auf dem Land tun.

Elisabeth ist hier nicht als arme Dienerin dargestellt, sondern als gekrönte Fürstin; ein Verweis auf ihre königliche Herkunft. Sie wendet sich dem armen Lazarus zu und gibt ihm zu essen und zu trinken. Im Mittelalter war die Gestalt des armen Lazarus aus dem Lukasevangelium der Prototyp des Armen schlechthin. Nun zur Zeit der Reformation erfährt das Lazarusmotiv aber eine entscheidende Umdeutung: Der mittelalterlichen Auffassung von der Verdienstlichkeit der guten Werke wurde die Pflicht des evange-lischen Menschen zur Nächstenliebe gegenüber gestellt. Das paulinische Verständnis sagt ja, *„dass der Mensch gerecht werde ohne des Gesetzes Werke, allein durch den Glauben"*. Dem Lazarus musste geholfen werden, ohne dass dabei an den eigenen Lohn (im Himmel oder auf Erden) geschaut werden durfte. Elisabeth war demnach zu deuten als selbstlose Wohltäterin der Armen und Kranken. Sie verrichtete ihren Dienst zum Heil des Lazarus und war dabei völlig uneigennützig. Damit war sie der mittelalterlichen Werkgerechtigkeit entfremdet.

Für die „Umdeutung" Elisabeths im evangelischen Sinne spricht noch ein weiteres Moment: Der Reliefstein zeigt das Jahr 1542. Nur wenige Jahre zuvor hatte Landgraf Philipp die Gebeine der Heiligen aus dem vergoldeten Schrein in der Elisabethkirche herausnehmen und sie auf dem nahegelegenen Pilgerfriedhof begraben lassen. Der protestantische Territorialherr wollte damit dem Heiligen- und Reliquienkult ein Ende bereiten. Elisabeth, seine hochgeschätzte Ahnin, sollte dem Katholizismus genommen und für den Protestantismus reklamiert werden. Was nach Beseitigung der Reliquien an Stelle der früher kultisch verehrten Heiligen blieb, war also die vorbildhafte, liebevolle Diakonin.

Kraft der Barmherzigkeit

Die Schutzmantelheilige in Haina-Dodenhausen

Die hübsche Pfarrkirche in Dodenhausen wurde
erst 1879 nach einem Brand errichtet, ein Neubau im historistischen neugotischen Stil. Inzwischen hat das Gotteshaus aber eine so archaische
Aura, dass man es in diesem 800 Jahre alten Dorf
fast für „ursprünglich" halten könnte.

Was uns an dieser Kirche indes besonders in
Bann zieht, sind die Glasfenster im Chor, von
denen das links gelegene Szenen aus dem Leben
und Wirken der Heiligen Elisabeth zeigt. Im
gegenüberliegenden rechten Fenster geht es, dies
sei der Vollständigkeit halber erwähnt, um Martin Luther und seine Übersetzung der Bibel ins
Deutsche. Die mittlere Fensterreihe bietet dann
eine bildhafte Auslegung des zweiten Glaubens-
artikels: *„Geboren unter Pontius Pilatus, gekreuzigt,
gestorben und begraben."*

Die Elisabeth-Bildreihe zeigt sich dagegen als
eine Sinndeutung ihres Lebens, die ganz dem
Christuswort folgt: *„Was ihr getan habt einem von
meinen geringsten Brüdern, das habt ihr mir getan."*
Der Gesamtplan der Chorfenster macht dabei
deutlich, wie eng Worte und Taten im christlichen Glauben zusammengehören: Jesu Worte
und seine Taten, die Predigt und die Diakonie
oder – wie es die Zisterziensermönche im
benachbarten Haina ausgedrückt hätten –
ora et labora – bete und arbeite.

Der Marburger Glasmaler Erhard Klonk hatte
das Elisabethfenster für den 700. Todestag der
Heiligen am 19. November 1931 geschaffen. Der
Künstler, so war zu lesen, habe es dann gemein-

sam mit dem Schreinermeister Textor eingesetzt. Vor der endgültigen Installierung in Dodenhausen sollte es aber noch die Eingangshalle der Marburger Elisabethausstellung zieren. Gewiss nicht ohne Grund hatte die Ausstellungsleitung diesem Glasgemälde wegen seiner hohen künstlerischen Qualität einen bevorzugten Platz zukommen lassen.

Das untere Bild der Fensterreihe stellt den ergreifenden Abschied Elisabeths von ihrem Gatten dar, der sich bei Creuzburg an der Werra auf den Kreuzzug begibt. Das mittlere nimmt Bezug auf ihre aufopfernden Dienste in ihrem Marburger Hospital, in dem sie sich bis zu ihrem Tod der Armen, Aussätzigen und Waisenkinder annahm: Elisabeth schließt den Kranken innig in ihre Arme. Anders als sonst ist in Dodenhausen der Kranke blutleer, hohläugig und beinahe kahlköpfig dargestellt, ohne persönliche Gesichtszüge und ohne die Fähigkeit, seine Dankbarkeit der Gönnerin gegenüber sichtbar zu artikulie-ren. Damit schuf der Künstler eine tiefgehende Symbolik: In diesem vom Tode gezeichne-ten Menschenantlitz begegnet uns, die wir das Bild auf uns wirken lassen, der am Kreuz gestorbene Christus.

Im oberen Chorfenster ist Elisabeth dann in der ganzen Kraft ihrer Barmherzigkeit abge-bildet. Die notleidenden Menschen, denen ihre ganze Liebe galt, sind hier unter einem weiten Mantel versammelt, mit dem die Heilige sie schützend birgt. Die Geste des Man-telschutzes war im christlichen Mittelalter weit verbreitet und stammt ursprünglich aus dem juristisch-weltlichen Bereich: Kinder wurden legitimiert und adoptiert, indem der Vater sie unter seinen Mantel nahm. Auch hochgestellte Personen, besonders Frauen, konnten Verfolgten unter ihrem Mantel Schutz gewähren. In den Legenden des 12. und 13. Jahrhunderts wurde dieses Mantelschutzrecht der Frauen auf Maria übertragen.

Eine ganz besondere Bedeutung für die Verehrung „Mariens im Schutzmantel" erlangte bei den Zisterziensern ein Bericht von der Vision eines Zisterziensermönches, den Caesa-rius von Heisterbach überliefert. Darin wird erzählt, dass der Mönch im Himmel nicht einen einzigen seiner Ordensbrüder entdecken kann. Daraufhin öffnet Maria ihren Man-tel. Und siehe da: Dort birgt sie die ihr besonders treuen Zisterzienser. Auch auf einem Taufbecken in den Vatikanischen Museen, das eigentlich das Begräbnis Bernhards von Clairveaux zeigt, ist auf einer Fahne Maria mit dem Schutzmantel zu sehen.

Für die weite Verbreitung der bildlichen „Schutzmantelmadonna" sorgte auch die Vor-stellung von Maria als „Mater omnium", die alle Welt unter ihrem Mantel birgt. Darstel-lungen von männlichen Heiligen mit dem Schutzmantel zeigen allerdings, dass das

Motiv nicht auf eine bestimmte Marienvision zurückgeht. Seit dem 14. Jahrhundert weitete sich der Kreis der bemantelten Schutzheiligen deutlich aus.

Nach diesem kleinen Exkurs soll noch einmal der Motivation des Künstlers nachgegangen werden, da dieser mit dem Mantel nämlich zugleich auf aktuelle Geschehnisse Bezug nimmt. Der Glasmaler Klonk arbeitete eng mit dem Dodenhausener Pfarrer zusammen, der kurz vor der Fertigstellung des Elisabethfensters in einer mutigen Predigt vor den Folgen der Machtergreifung durch Hitler gewarnt hatte. Die nationalsozialistischen Funktionsträger nahmen wie erwartet erheblichen Anstoß an den kritischen Worten des Pfarrers. Angesichts der dadurch aufkommenden Bedrohung und der Ängste vor den zukünftigen Gefahren suchte der Maler wohl selbst unter dem Schutzmantel der Heiligen Geborgenheit. Der unbequeme Pfarrer wurde tatsächlich schon zu Beginn des Dritten Reiches aus dem Amt entfernt. Seine Gegner werden die Aussagen des Bildes jedoch kaum wahrgenommen, geschweige denn verstanden haben.

Zum Fest des 800. Geburtstags der Heiligen Elisabeth ist es zu wünschen, dass das bisher wenig beachtete und doch höchst bedeutsame Kunstwerk von vielen Menschen zur Kenntnis genommen und gewürdigt wird.

Maria und Elisabeth

Pilgerstätte in der Liebfrauenkirche zu Frankenberg

Der Name legt die Vermutung nah, dass Frankenberg ursprünglich eine gegen die Sachsen gerichtete fränkische Burg war. Sicher ist jedenfalls, dass die Stadt später (kurz vor 1236) von den thüringischen Landgrafen um eine landgräfliche Burg planmäßig angelegt wurde – als militärischer Stützpunkt gegen das feindliche Fritzlar der Erzbischöfe von Mainz. Dem entspricht der quadratische Grundriss mit seinem gitterförmigen Straßennetz unterhalb der Nase des Burgberges der Burg, die beherrschend über dem Edertal liegt. Die Stadt folgt also fränkischen Siedlungsgewohnheiten: die Burg auf dem Gipfel eines Höhenzuges, der Kirche am Hang darunter und zu ihren Füßen die Ortschaft.

Nach der Größe und der aufwendigen Gestalt der 1286 begonnenen Pfarrkirche zu urteilen, muss die Stadt damals schon recht groß und wohlhabend gewesen sein. Der Grundstein wurde im Beisein von Landgraf Heinrich I, dem Enkelsohn Elisabeths, gelegt. Die bauliche Abhängigkeit von der Elisabethkirche in Marburg (vielleicht sollte man eher von dem baulichen Vorbild und dem Gleichklang sprechen) ergibt sich bei der Liebfrauenkirche ganz besonders, weil sie als einzige der Nachfolgebauten den Dreikonchenchor übernahm. Auch das Hallenlanghaus mit seinen Maßverhältnissen und kantonierten

Rundpfeilern folgte dem Leitbild. Im Jahre 1283 wurde die Marburger Elisabethkirche geweiht, drei Jahre später hier in Frankenberg der Grundstein gelegt. Archivalien zeigen, dass es sogar die gleiche Bauhütte war, die hier arbeitete. Da wundert es nicht, dass Grundriss und Aufbau der Elisabethkirche so unmittelbar folgen wie kein sonstiger, hessischer Sakralbau.

Vielleicht hatte man ursprünglich auch in Frankenberg eine Doppelturmfront geplant, ausgeführt wurde nach der Vollendung des Langhauses 1337 aber nur der Westturm, der durch zwei Seitenschiffjoche in das Langhaus eingebunden werden konnte. Seit etwa 1350 hatte Meister Tyle von Frankenberg die Bauleitung. Auf ihn geht neben dem 1359 vollendeten Turm auch der Neubau des 1353 geweihten Ostchores zurück. Er reduzierte den Marburger Trikonchos allerdings stark, da die neue Ostapsis zusätzlich zu dem alten Chorjoch zwei weitere erhielt und außerdem deutlich höher ist als die Apsiden des 13. Jahrhunderts.

Ein Brand im Jahr 1476, der Dächer und Turmhelm vernichtete, hat auch das Innere so sehr beschädigt, dass eine Neuausmalung notwendig wurde. Nach den von ihr erhaltenen Spuren wurde dann 1962 auch die Restaurierung vorgenommen. Die Grundfarbigkeit mit den roten Flächen und dem weißen Fugennetz steht noch in der Tradition der Elisabethkirche, die weißen Dienste sind dagegen nicht zweifelsfrei für das Mittelalter belegt. Der spätgotische Charakter der Neuausmalung von 1476 wird vor allem durch die Gewölbemalerei aus Ranken, Blüten und Früchten erzeugt. Von der mittelalterlichen Farbverglasung, die man sich in den Fenstern vorstellen muss, haben sich nur bescheidene, aber sehr qualitätsvolle Reste im Chor erhalten.

Die Marienkapelle, die von 1370 bis 1380 an die Liebfrauenkirche angebaut wurde und nur von außen zugänglich ist, gilt als Hauptwerk des Tyle von Frankenberg. Die Grabinschrift des 1386 gestorbenen Stifters Johann von Cassel ist im Außenbau erhalten, was belegt, dass die Kapelle zuvor errichtet worden sein muss. Konzipiert war sie für die Wallfahrt, und um den Besucherstrom zu bewältigen, wurden gleich zwei Türen gebaut. So konnte das Vorbeilaufen am Altar zügig vonstatten gehen. Die Kapelle erscheint als selbstständiger kleiner Zentralbau, der sich nur mit einer Seite seines unregelmäßigen Polygons an die Schräge des Südquerschiffs anlehnt und sich mit seinem steilen Kegeldach deutlich abhebt.

Der Bau ist überreich mit Bauplastik ausgestattet. Außen wie innen sehen wir eine hervorragende Steinmetzkunst und eine umfassende Zierde an Fenstern, Kapitellen und Schlusssteinen. Konsolen und Baldachine, die einst für heute zerstörte Statuen bestimmt waren, unterbrechen im Innern den Aufstieg der Dienste. Einzigartig und ein für Hessen seltenes Beispiel sind die steinerne Altarwand mit Szenen aus dem Leben der Maria und das Portal der Kapelle. Im Tympanon war ehemals die Marienkrönung dargestellt. Sie fiel, wie ein Großteil der aufwendigen Ornamentik und des figürlichen Schmucks dem Bilderverbot des Landgrafen Moritz zum Opfer.

Moritz, Landgraf von Hessen, gehörte nicht wie die Frankenberger der lutherischen, sondern der reformierten Kirche an,

in der ein Gebot in der Praxis besonders beachtet wurde: *„Du sollst dir kein Bildnis noch irgendein Gleichnis machen von Gott."* Deshalb erließ Moritz 1608 ein absolutes Bilderverbot und schickte seine Steinmetze aus, alle Statuen und bildlichen Darstellungen in den Kirchen zu entfernen. Wenn dies nicht möglich war, wurden zumindest die Gesichter, Köpfe und Hände zerstört. Nur die Schlusssteine und die Konsolfiguren blieben unbeschädigt. Sogar tierische Symbolfiguren, wie der Pelikan am Portal, wurden geköpft. Auf dem kleinen, runden Vorsprung der Altarwand stand wohl einst die als wundertätig geltende Marienstatue, der die Wallfahrt galt. Doch mit der Einführung der Reformation in Frankenberg 1527 war der Marienkult bereits erloschen.

Leider leidet die verbliebene Bauplastik stark unter dem Zerfall des Sandsteins. Das gilt für den gesamten Bau der Kirche, ist aber für den großen Rang des Zierwerks besonders schmerzlich.

Auf dem Altar im Chor hat übrigens ein Teil eines Elisabethaltares von Ludwig Juppe sei-nen Platz. 1493/95 schnitzte Juppe diesen Altar im Auftrag von Wigand von Gerstenberg als Stiftung für die Kirche. Erhalten geblieben ist ein Teil, auf dem Elisabeth zu sehen ist. Sie trägt ihr Kirchenmodell, den Dreikonchenchor der Marburger Elisabethkirche mit zweigeschossiger Fensteranordnung. Der Chorturm ist nur im Ansatz vorhanden. Nicht mehr eindeutig zu klären sind die beiden knienden Männer. Möglicherweise ist der rech-te der Stifter und der linke ein Deutschordensritter.

Vom Glanz der Magistra Gertrud

Das Prämonstratenserinnenkloster Altenberg an der Lahn

Unweit von Wetzlar liegt auf dem Höhenzug, der den Rand des Lahntals nördlich begrenzt, das Stift Altenberg. Der zierliche Dachreiter des Stiftes überragt den Baumbewuchs der Hänge und zieht den Blick der Vorüberfahrenden unmittelbar an. Altenberg gehört heute zur Gemeinde Oberbiel, einem Ortsteil der Großgemeinde Solms und beherbergt seit 1953 das Königsberger Diakonissen-Mutterhaus der Barmherzigkeit.

Der Wanderpriester Gottfried von Beselich gründete Altenberg um 1170, und das Stift wurde vom Kloster Rommersdorf bei Neuwied am Rhein mit Prämonstratenser-Nonnen besetzt. Damit reiht es sich in eine mittelalterliche Gründungswelle von Frauenklöstern und Stiften in Hessen ein. Ein Privileg Papst Alexanders III. aus dem Jahr 1179 nennt die „cella in monte s. Michaelis". Man kann davon ausgehen, dass mit „Cella" Altenberg, genauer dessen Kirche, gemeint ist, hatte das Stift neben der Ordensschutzherrin Maria auch den Heiligen Michael zum Patron. Da das adelige Chorfrauenstift schon bald von seinem Mutterkloster unabhängig war, erhielt es unter Kaiser Friedrich Barbarossa die Reichsunmittelbarkeit, die seit dem Jahr 1192 urkundlich belegt ist.

Da das Stift unter der Leitung einer „magistra", also einer Meisterin stand, ist die Bezeichnung „Kloster" in Bezug auf Altenberg nicht ganz korrekt, im Volksmund aber weithin in Gebrauch. In der Zeit der zweiten Meisterin, Christina von Biel, wurde Gertrud, die jüngste Tochter der Heiligen Elisabeth Anfang 1229 im Alter von eineinhalb Jahren dem Stift zur Erziehung übergeben. Nach dem Tode Christinas 1248 wählte der Konvent Gertrud selbst zur Meisterin und sie leitete das Stift fast 50 Jahre bis zu ihrem Tode am 13. August 1297.

Nach einer gegen Ende des 13. Jahrhunderts entstandenen Legende soll Gertruds Eintritt in das Kloster Altenberg durch ein Gelübde ihrer Eltern vorbestimmt gewesen sein, das diese

Kloster Altenberg nach einem Aquatintastich von Prof. F. C. Reinermann

zu einem Zeitpunkt ablegten, als Elisabeth noch schwanger war und Landgraf Ludwig sich anschickte, zum Kreuzzug aufzubrechen. Demnach hätten die Eltern in der frommen Absicht gehandelt, ihr zu erwartendes drittes Kind wie damals üblich in ein Kloster zu geben. Es ist aber anzunehmen, dass diese Entscheidung erst zu einem späteren Zeitpunkt gefallen ist, als Elisabeth bereits verwitwet war und sich zu einem Leben im Dienste der Armen und Kranken entschieden hatte. Der Verzicht auf ihre Kinder war Bestandteil jenes Gelübdes, mit dem sich Elisabeth im Beisein Konrads von Marburg 1228 in Eisenach von allem Glanz der Welt losgesagt hatte.

Gertrud wurde die bedeutendste Gestalt in der Geschichte des Prämonstratenserinnenklosters und verhalf ihm in ihrer Zeit zu großem Ansehen und lang anhaltender Blüte. So hatte das Stift beim Amtsantritt Gertruds 24, bei ihrem Tode 70 Nonnen. Zahlreiche Güterschenkungen, nicht zuletzt aus dem Marburger Raum, vermehrten den Reichtum des Stifts und bildeten die Grundlage für den von Gertrud unternommenen Neubau der Stiftsgebäude und der Kirche. Asketische Bußübungen, ein zurückhaltendes Auftreten und der Verzicht auf selbst im klösterlichen Leben noch mögliche gewisse Bequemlichkeiten kennzeichneten Gertruds Lebensführung ebenso wie ihr aktiver Einsatz für Arme und Kranke. So gründete sie sowohl im Stiftsbereich als auch am Fuß des Berges ein Siechenhaus für kranke Nonnen. Das Elisabeth-Hospital im Stift ist wohl schon vor 1265 entstanden, das Krankenhaus für Kranke der Umgebung wird erstmals 1277 erwähnt. Der

Neubau der gesamten Klosteranlage beanspruchte mehrere Jahrzehnte, wobei naturgemäß mit dem Bau der eindrucksvollen Stiftskirche begonnen wurde, deren Chor (wahrscheinlich auch das Querschiff) spätestens 1271 fertiggestellt war. Das Langhaus stammt aus der Zeit um 1280-1300.

Der in den schlichten, aber sehr qualitätsvollen Formen der Frühgotik gestaltete Chor steht insbesondere mit seinem Maßwerk ganz unter dem Einfluss der Elisabethkirche in Marburg. Insgesamt richtet sich die Anlage jedoch nach dem Vorbild der Zisterzienser-Nonnenkirchen, was vor allem an der steinernen Empore im Westen deutlich wird. Die Kirche bot oben den Nonnen Platz und in der gewölbten, in zwei breiten Spitzbögen zum Chor hin geöffneten Unterkirche auch den Laien.

Von besonderer kunsthistorischer Bedeutung sind die gotischen Wandmalereien auf der Südwand der Vierung, die zusammen mit der Architektur bis 1271 entstanden sein müssen. In der Mitte (durch einen höheren Baldachin betont) ist die Krönung Mariens durch Christus dargestellt, zu beiden Seiten sieht man die zwölf Apostel. Die Baldachine über den thronenden Figuren schließen sich zu

einer großartigen Stadtsilhouette mit Türmen und Kuppeln zusammen: das himmlische Jerusalem, das sich der Mensch des Mittelalters als Ziel des Lebens nach dem Tode ganz realistisch als Stadt des Paradieses vorstellte. Darauf deuten auch die vielen Paradiesvögel auf den Dächern hin.

Das Hochgrab der Magistra Gertrud liegt noch an der ursprünglichen Stelle vor dem Hochaltar, dort, wo man im Mittelalter hochgestellte Stifterpersönlichkeiten zu bestatten pflegte. Es ist eine sehr feine gotische Steinmetzarbeit: Die als Standbild aufgefasste Gestalt ruht in einer Architekturrahmung mit seitlichen Filialen und kielförmigem Spitzbogen. Über ihr

Rechte Flügelinnenseite des Altenberger Altars, 1348, Städelsches Kunstinstitut, Frankfurt

erscheinen zwei Engel, zu den Füßen der Löwe, der zugleich ein Symbol für die Auferstehung Christi ist. Gertrud selbst liegt, die Hände betend vor der Brust zusammengelegt, in anmutiger Haltung auf der Tumba.

Erst fünfzig Jahre nach ihrem Tod fand Gertruds Wirken durch ihre Seligsprechung die offizielle Anerkennung der höchsten kirchlichen Autorität. 1348 genehmigte Papst Klemens VI. ihr die kirchliche Verehrung. Diesem Ereignis verdanken wir wahrscheinlich sowohl die Entstehung der Tumbenplatte Gertruds als auch den heute im Frankfurter Städel-Museum befindlichen Altarflügel. Darauf findet man einen der uns vertrauten Topoi wieder: Elisabeth als Wohltäterin der Armen und Kranken speist Hungrige, tränkt Durstige, kleidet Bedürftige, pflegt Kranke oder übt mehrere Werke der Barmherzigkeit zugleich aus.

Die hier dargestellte Mantelspende hat im Zusammenhang mit Elisabeths Leben und Wirken übrigens eine ganz besondere Bedeutung: Es war zu jener Zeit das Vorrecht des Adels, den mit einer Agraffe (Brosche) geschlossenen Mantel zu tragen. Dadurch, dass Elisabeth ihren Mantel, das Zeichen ihres Standes, einem Mitglied des geringsten Standes gibt – nämlich einem Bettler –, verzichtet sie auf ihre Standesprivilegien.

Eine solche Auffassung der Mantelspende verrät auch die Darstellung auf dem Altenberger Altar, weil es unverkennbar ein fürstlicher Mantel ist, den sie einem Bettler reicht. Hinzu kommt die Veranschaulichung der Bibelworte *„Gebet, so wird euch gegeben"*: Zwei Engel reichen Elisabeth den gleichen Mantel, den sie gerade verschenkt und setzen ihr zudem eine Krone auf. Darunter kniet die selige Gertrud betend als Assistenzfigur.

Mit dem Tode Gertruds verlor das Stift seine besondere Anziehung, die zu den üppigen Stiftungen für das Kloster geführt hatte. Die Wirtschaftskraft sank, und das Stift musste sich der Versuche benachbarter Territorialherren erwehren, die sich die Anlage und den dazugehörigen Besitz einzuverleiben gedachten. Das Stift erwarb sich dabei zum Glück das Wohlwollen der Grafen von Solms, so dass die Kirche ein bevorzugter Begräbnisort dieses Hauses wurde.

Der Reichsdeputationshauptschluss von 1803 führte zum Ende des Stifts. Altenberg fiel an das Haus Solms-Braunfels und der landwirtschaftliche Teil des Stifts wurde zu einem Hofgut. Die Kirche – nunmehr evangelisch – wurde der Pfarrei Oberbiel zugewiesen, blieb aber unter dem Patronat der Solmser, die die kirchliche Ausstattung, sofern sie nicht weiterhin liturgisch benutzt wurde, als Privatbesitz betrachteten. Dies führte dazu, dass manche Kunstwerke aus der Kirche in die Sammlung auf Schloss Braunfels kamen und die besonders wertvollen schließlich verkauft wurden. So geriet auch ein Altarflügel des Altenberger Altars an das Frankfurter Städel.

Quelle des Heils

Der Elisabethbrunnen bei Schröck nahe Marburg

1596 ließ Landgraf Ludwig der Ältere von Hessen-Marburg im Wald bei Schröck einen Brunnen errichten und nannte ihn nach der Heiligen Elisabeth, seiner Vorfahrin. Vermutlich war hier, nahe der Kreuzung zweier alter Straßen, schon in vorgeschichtlicher Zeit eine bedeutsame Quelle gewesen. Zumindest kann man oberhalb des Brunnens Reste einer Kreuzkapelle besichtigen, die bereits 1527 abgebrochen wurde.

Die Brunnenstube mit der zweigeschossigen Säulenfront ist in noblen klassizistischen Renaissanceformen ausgebildet. Im Giebel sieht man das Wappen des Landgrafen,

umgeben von den Wappen seiner beiden Gemahlinnen, Hedwig von Württemberg und Maria von Mansfeld, die in den roten Sandstein eingearbeitet wurden. Auf dem Architrav (über dem Ober- und dem Untergeschoss) sind jeweils die Wappen seiner adligen und bürgerlichen Räte wiedergegeben.

Mehrere Schrifttafeln prägen den Anblick. Oben links werden die Natur und der Brunnen gepriesen, während rechts daneben der Heiligen Elisabeth und der Landgrafen gedacht wird. Von der unteren Tafel jedoch geht ein deutlicher Appell aus:

> *„Lebe wohl, Leser,*
> *und willst auch du meine Süße schmecken*
> *so füge dich nachstehenden Gesetzen:*
> *Sei rein, entweih und stör mich nicht*
> *durch Schandwort, Körper oder Tat.*
> *Verletze nimmer mein Gestein und Hallenbau.*
> *Drängt dich der Sonnenglut, so fleuch hierher,*
> *lösch deinen Durst und wasche dich,*
> *genieß des murmelnden Geräusches*
> *und der Anmuts Manigfalt,*
> *und preise meinen Schöpfer – Gott!"*

Die Quelle entspringt hinter dem Gebäude zwischen mächtigen Sandsteinblöcken. Und das Wasser wird nun in einer mit Ton ausgestrichenen Mulde hinter der Rückwand gesammelt und durch ein Bronzerohr nach vorne geleitet. Das Quellwasser ist sehr erfrischend und galt früher als Heilwasser. Es ist durchaus möglich, dass die gerühmte Heilkraft des Wassers das Motiv des Brunnenerbauers war.

Gedenken an den Tod des Beichtvaters

Das Sühnekreuz bei Hof Capelle nahe Moischt

Selten hat sowohl bei den Zeitgenossen, als auch in der Nachwelt ein Mann eine so zwiespältige Beurteilung erfahren wie Konrad von Marburg, der Beichtvater und Seelenführer der Heiligen Elisabeth, der als rühriger Kirchenreformer und Kreuzzugsprediger zugleich ein furchtbarer Ketzerverfolger war. Seine Nähe zur Heiligen Elisabeth erinnerte die einen an eine Prophetengestalt aus dem Alten Testament, die schrecklichen Konsequenzen seines Wirkens als Ketzerrichter brachten andere (darunter hohe Prälaten) so in Rage, dass sie ihn am liebsten aus dem Grabe gezerrt und seinerseits als Ketzer verbrannt hätten.

Vom Papst mit großer Macht ausgestattet wurde Konrad zum Verfolger religiöser Laienbewegungen, die angeblich die Einheit der Kirche gefährdeten. Die Ketzerprozesse waren aber nicht nur zum Schutz des Katholizismus angewandte Verfahren, sondern systematisch ausgeübter Terror, der den vermeintlichen Ketzern durch Folter auch die Namen von Mitwissern abpresste, rechtgläubige Nachbarn ins Verderben stürzte und schnell die Beteiligung aller Angehörigen unterstellte. Konrads fanatischer Eifer brachte so viele Menschen auf den Scheiterhaufen.

Während der einflussreiche Geistliche als Kreuzzugsprediger zur Bekämpfung der Heiden mit dem Schwert aufrichtete, vernichtete er zugleich im eigenen Land die vermuteten Ketzer mit dem Feuer. Konrads inquisitorischer Ehrgeiz machte dabei vor nichts und niemandem Halt, nicht einmal vor dem Adel. Auf dem Hoftag in Mainz klagte er den mächtigen Grafen von Sayn der Ketzerei an, was aber zur Folge hatte, dass er von den gräflichen Gefolgsleuten auf der Heimreise nach Marburg hinterrücks gemeuchelt wurde: Als er mit seinem Begleiter Gerhard von Lützelkolb am 30. Juli 1233 die Lahnberge überquerte, wurden beide just an diesem Ort erschlagen. Sie erhielten ein Grab neben Elisabeth in der Kapelle des Franziskushospitals in Marburg, die bald darauf von der Elisabethkirche überbaut wurde.

Der Deutsche Ritterorden errichtete am Ort der Ermordung Konrads von Marburg um 1250 die Marienkapelle; ihm zum Gedächtnis und zur Sühne. Die vierjochige gotische Sühne-Kapelle verlor nach der Reformation ihre Aufgabe als Wallfahrtskirche, geriet in Vergessenheit und verfiel. Die baulichen Reste wurden trotz erheblicher öffentlicher Gegenwehr 1872 abgetragen.

In 250 Meter Entfernung liegt „Hof Capelle", der zwei stattliche landwirtschaftliche Betriebe vereint. Beide Höfe waren im Besitz des Deutschen Ordens und ursprünglich der Marienkapelle zugeordnet. Ein Gedenkstein im Garten des unteren Gehöftes erinnert an den ehemaligen Standort der Sühne-Kapelle.

Rekonstruktion von Norden, 1880, Astrid Wetzel, biopresent, Marburg

Zeugnisse geistlicher Krankenfürsorge

Das Hospitalwesen im späten Mittelalter

Das Geben von Almosen und die Armenpflege in Hospitälern waren im Mittelalter herkömmliche Mittel der christlichen Liebestätigkeit, der *„caritas"*. Da im 12. Jahrhundert immer mehr Menschen in den gewachsenen und neu gegründeten Städten zusammenströmten, wuchs auch der Bedarf an besonderen Einrichtungen für die Armen- und Krankenfürsorge.

Anfangs überließen die Städte das Gebiet der Fürsorge ganz den kirchlichen Einrichtungen, da es als genuiner Auftrag der Kirche verstanden wurde. Und so entstanden sowohl in den Bereichen der offenen als auch in der geschlossenen Armen- und Krankenpflege in vielen Städten kirchliche Einrichtungen. Dies geschah entweder durch den Zuzug der neu gegründeten Orden oder durch die nun einsetzende Welle von Hospitalgründungen. Eine noch nicht hinreichend untersuchte Stütze des Hospitalwesens in den Städten des späten Mittelalters waren darüber hinaus ohne Zweifel auch die Versorgungseinrichtungen der Spitalorden, deren Entstehung im 12. Jahrhundert den gespannten religiösen Erwartungen der Kreuzzüge anzurechnen ist.

Der älteste der in der Spitalpflege tätigen Ritterorden war der Orden der Johanniter (auch Hospitaliter genannt). Eine im Vergleich hierzu zwar geringere, aber gleichwohl zu beachtende Bedeutung für die Krankenpflege in den Ländern des Orients und des Abendlandes erlangte der ebenfalls in Jerusalem gegründete Ritterorden der Templer. Der müheloseste und schnellste Aufstieg sollte aber dem jüngsten der Ritterorden, dem Deutschen Orden, zuteil werden, dessen Wirken in Hessen bedacht werden soll. Er war für den Spitaldienst auf deutschem Boden von beachtlicher Bedeutung. Auffällig ist dabei allerdings, dass nur relativ wenige Spitäler ihre Entstehung direkt einer Initiative des Ordens verdanken. Meist wurden ihm bereits bestehende Einrichtungen übertragen.

Es zeigt, dass die Hinwendung Elisabeths zur Krankenpflege im Kontext einer großen Bewegung gesehen werden muss. Um nur einige Stationen dieser Entwicklung zu nennen: 1147 gründete der Propst der Stiftung Weißenstein bei Kassel in Fritzlar (in der unmittelbaren Nähe der ludowingischen Grafschaft Hessen) ein *„hospitale pauperum"*, ein Armenhospital. In Thüringen errichtete Barbarossa 1181 in Altenburg ebenfalls ein Hospital, das König Friedrich II. dem Deutschen Orden im Jahr 1214 schenkte. 1221 übertrug Friedrich II. das in Sachsenhausen bei Frankfurt vom Reichsministerialen Kuno von Münzenberg gegründete Hospital dem Deutschen Orden. In der thüringischen Nachbarschaft nahm der Kaiser 1183 das Hospital zum Heiligen Geist vor den Mauern Erfurts in seinen Schutz. Und auch Landgraf Ludwig IV. gründete ein Hospital in Gotha. So standen Elisabeths Hospitalgründungen in Eisenach und später in Marburg in einer langen Tradition.

Als verwitwete Landgräfin übersiedelte Elisabeth im Sommer 1228 von Eisenach nach Marburg. Möglicherweise wartete sie in Wehrda wie spätere Chronisten berichten auch noch die Fertigstellung ihres Hospitals in Marburg ab: Das erste Haus war aus Holz und Lehm, ein schlichter Fachwerkbau also, der so nach kurzer Zeit beziehbar war. Wiewohl es über das konkrete Aussehen nur Andeutungen gibt, hat die Forschung in vergleichender Analyse die Form des einfachen, langgestreckten Saalbaus als eine typische Hospitalbauweise des 12. und 13. Jahrhunderts herausgearbeitet. In einem solchen Hospital wurden Kranke und Gebrechliche, lediglich durch einen Mittelgang oder eine Säulenreihe nach Geschlechtern getrennt, auf einfache Weise versorgt. Beispiel hierfür lassen sich reichlich den um 1230 erfolgten Hospitalgründungen im gesamten westeuropäischen Raum entnehmen.

Da das mittelalterliche Spital nach allgemeinem Verständnis ganz unstreitig auch ein geistlicher Ort war, lassen die zum Vergleich herangezogenen Hospitäler und deren bauliche Gestalt vermuten, dass auch in dem von Elisabeth gegründeten Hospital ein kleiner Altarraum unmittelbar an die Krankenhalle angrenzte. Man wollte den Kranken durch eine an den Versorgungsbereich angrenzende Kapelle die direkte Teilnahme an Gottesdiensten ermöglichen. Dass dies in Marburg anders gewesen sein sollte, wäre gerade für das Hospital der frommen Elisabeth überaus verwunderlich. Forschungsergebnisse sprechen davon, dass das Franziskus-Hospital *„ein mäßig großer Fachwerkbau mit vorspringender eckiger Apsis als Kapelle"* war. Der Standort dieser Kapelle, in den Quellen als *„chorus hospitalis"* oder *„capella hospitalis"* bezeichnet, dürfte gesichert sein.

Diese älteste Hospitalkapelle wurde nach Abschluss der Bauarbeiten wahrscheinlich im Herbst 1228 geweiht. Bei der Wahl des Patrons der Kirche und somit auch des Hospitals entschied sich Elisabeth für Franziskus von Assisi, der nur wenige Monate zuvor in Rom heiliggesprochen worden war. Damit besaß das Marburger Hospital die erste dem Heiligen Franziskus geweihte Kirche nördlich der Alpen.

Das Maria-Magdalena-Hospital in Gotha

Landgraf Ludwig IV. richtete 1223 mit der Zustimmung seiner Mutter Sophie, seiner Gemahlin Elisabeth und seiner Brüder Heinrich und Konrad in Gotha ein Hospital ein. Es
war das „Haus der Hildegard", das so genannt wurde, weil diese den Bau freiwillig angeboten hatte. Als Elisabeth später Witwe war, kümmerte sie sich weiterhin um die Stiftung
ihres Mannes, zumindest bat sie noch 1229 Papst Gregor IX. den Hospitalbrüdern in Gotha
zu gestatten, eine Kapelle zu errichten, einen Friedhof und einen Kaplan zu unterhalten.

Der Abgang in den Kerner

Heute sehen wir einen Bau, der nach einem Entwurf von Johann Erhard Straßburger von 1716 bis 1719 unter Einbezug älterer Bausubstanz in barocken Formen errichtet wurde. Es entstand, der Zeit gemäß, eine verputzte Dreiflügelanlage mit Mansarddach und einem oktogonalen Dachreiter, der mit einer Kuppel und einer Laterne bekrönt ist. Die zweigeschossige Schaufassade ist durch einen Mittelrisalit mit einem Frontispiz hervorgehoben. An dem repräsentativen, mit Figuren bekrönten Portal sehen wir die Tugendallegorien „Glaube" und „Liebe". In der Eingangshalle des Hauptflügels wurde aus einer denkmalpflegerischen Entscheidung heraus das Kreuzgratgewölbe des Vorgängerbaus aus dem Jahr 1541 bewahrt. In den Nordflügel war einst die Hospitalkirche integriert.

In den letzten Jahren war im Maria-Magdalena-Hospital zeitweise die Stadtverwaltung der Stadt Gotha untergebracht. Nun steht es bedauerlicherweise leer und eine grundlegende Renovierung müsste vorgenommen werden.

Das Hospital St. Elisabeth in Spangenberg

Die Herrschaft über das Gebiet um Spangenberg kam (über die von Fulda belehnten Ziegenhainer Grafen) nach 1214 an eine Linie des thüringischen Geschlechts von Treffurt, die sich seit 1238 nach der damit erstmalig belegten Burg von Spangenberg nannten. Sie waren auch die Gründer der 1261 zuerst erwähnten Stadt.

Die Neustadt vor den Toren der ummauerten Stadt entstand dann im Anschluss an das 1338 begründete Elisabeth-Hospital, dessen Hospitalkapelle aus der Erbauungszeit noch erhalten ist. Das unmittelbar anschließende Hospital (ein Fachwerkbau) stammt aber aus der zweiten Hälfte des 16. Jahrhunderts.

Die schlichte Kirche besteht aus drei Jochen und einem Chor mit einem Joch und 5/8-Schluss. Das Kreuzgratgewölbe ruht auf dünnen kapitelllosen Wanddiensten mit ornamentierten und figürlichen Schlusssteinen, darunter auch einem, der die Heilige Elisabeth zeigt.

Älter als die Hospitalkirche ist die Stadtkirche St. Johannes, während von dem seit 1454 bezeugten Karmeliterkloster am Neustädter Tor, das bis 1527 als solches bestand, nach einem Brand 1888 nur noch Teile der Klausurgebäude erhalten sind.

Das Hospital St. Jakob in Felsberg an der Eder

Die Burg auf dem Basaltfelsen im Edertal wurde wohl im Jahr 1090 von den nach ihr benannten Grafen erbaut. Ende des 13. Jahrhunderts starb das gräfliche Geschlecht Felsberg aus. Seine Herrschaft musste es allerdings schon vorher den hessischen Landgrafen

überlassen, die eine Siedlung am Fuße des Burgberges gründeten und die Burg und die Stadt bald zum Sitz eines hessischen Amtes erkoren. Ein starker Stützpunkt der landgräflichen Macht war nämlich vor allem in den andauernden Kämpfen mit Mainz vonnöten.

1247 übertrug Sophie von Brabant, die Tochter von Elisabeth, dem Deutschen Orden die Felsberger Kirche, die so genannte „Hauskapelle", und der Orden richtete dort eine Komturei ein. Eine Komturei ist eine verwaltete Stelle (Kommende), die einem Komtur anvertraut wurde, also eine Pfründe, deren hauptsächliche Einkünfte ein begüterter Laie bezog. Insbesondere bei den geistlichen Ritterorden übertrug man den Namen Komturei auf die Gebiete, die einzelnen Ordensmitgliedern zur Verwaltung und Nutznießung übergeben wurden. Die Aufsicht über die Komtureien einer Provinz führte der Landkomtur.

Die Niederlassung des Deutschritterordens in Felsberg bestand über viele Jahrhunderte und prägte die Kulturregion bis 1809. Dann wurden die Ordensgüter säkularisiert.

An der Westseite der Stadtkirche ist von der ehemaligen Deutschordenskomturei lediglich ein Teil der Umfassungsmauern mit gotischem Portal erhalten. Und von der so genannten „Hauskapelle" des 13. Jahrhunderts, die mehrfach verändert und umgebaut wurde, ist nur noch ein schuppenähnliches Gebäude geblieben.

Das nunmehr älteste Gebäude der Stadt ist die ehemalige Pfarrkirche St. Jacob, ebenfalls eine Patronatskirche des Deutschen Ritterordens, die 1230 erbaut wurde. Heute dient sie als Friedhofskapelle. Der bescheidene Rechteckbau ist im Kern romanisch. Im Innern besteht noch heute der runde Triumpfbogen auf niedrigen Wandpfeilern, deren Kämpfer mit Klötzchenfries versehen sind. Der Chor wird von schmalen spätgotischen Maßwerkfenstern belichtet und ist von einem Kreuzrippengewölbe bedeckt. An der Südseite sind die vielen Eingriffe und Erweiterungen des Gebäudes zu erkennen. Die entscheidenden Planänderungen wurden Anfang des 16. Jahrhunderts vorgenommen.

Das Hospital St. Jacob (neben der Friedhofkapelle), ursprünglich 1360 als Hospital St. Valentin gestiftet, ist ein traditioneller Fachwerkbau mit einem Zwerchgiebel am Eingang. Der erhaltene Bau stammt aus dem 18. Jahrhundert, und die Stadtchroniken berichten, dass Philipp der Großmütige das Hospital 1526 als solches auflöste und es zu einem Altenwohnheim umfunktionierte.

Das St. Elisabeth-Hospital in Kassel

Das Kasseler Hospital für Aussätzige wurde vermutlich 1297 von Mechthild von Cleve, der zweiten Gemahlin des Landgrafen Heinrich I. gestiftet, der ein Enkel Elisabeths war. Es lag, wie im Mittelalter üblich und notwendig, außerhalb der Stadtmauern. Bei der Anlage der „Freiheit" (des Marktes) wurde um 1330 auch das Siechenhaus in die Stadt mit einbezogen. 1586 begann man auf Geheiß des Landgrafen Wilhelm IV. mit dem Abbruch der mittelalterlichen Anlage und richtete einen Neubau ein, der Jahrhunderte später, nämlich 1943, bei dem schrecklichen Bombardement der Stadt stark beschädigt wurde.

Im Äußeren wurde das Elisabeth-Hospital mit nur unwesentlichen Veränderungen wieder aufgebaut, doch im Inneren wurde es völlig neu gestaltet und dabei nicht nur den neuzeitlichen zivilisatorischen und hygienischen Anforderungen angepasst, sondern auch einer neuen Nutzung: fortan gab es hier Sozialwohnungen. Der Bau ist ein dreigeschossiger U-förmiger, stattlicher Gebäudekomplex aus Bruchstein, in dessen Hof eine rundbogige Durchfahrt führt. An der Südseite des Hauptflügels findet sich ein polygonaler Treppenturm, der mit einem prächtigen Relief, dem hessischen Wappenstein, verziert ist. Das angegebene Datum 1587 spricht dafür, dass dieses Wappen an dem Neubau als Zeichen dafür angebracht wurde, dass der Landgraf ihn initiiert und ermöglicht hatte. In einer Rechtecknische (mit Ädikulaumrahmung und ebenfalls mit dem Datum 1587 versehen) wird mit der Statue der Heiligen Elisabeth und dem Modell der Elisabethkirche zu Marburg der verehrten Ahnin gedacht.

Die „Patronin Hessens"

Darstellung der Elisabeth mit ihrer Kirche

Die wohl früheste Darstellung der „Elisabeth mit Kirchenmodell" befindet sich auf dem Sandsteinretabel des Elisabeth-Altars im Magdeburger Dom, der um 1360 entstand. Ein knappes halbes Jahrhundert später (1403) stellt auch Conrad von Soest die Heilige mit diesem Attribut dar: auf dem Passions-Altar in der Wildunger Stadtkirche. Die Haupt-

bauphase dieser Kirche fällt in die erste Hälfte des 14. Jahrhunderts, und sie wurde unter dem Einfluss der Marburger Elisabethkirche ebenfalls als gotische Hallenkirche errichtet. Möglicherweise wurde deshalb auch die Heilige Elisabeth mit Kirchenmodell in das Altarprogramm aufgenommen, auch wenn das Modell noch keinerlei Ähnlichkeit mit der

Marburger Grabeskirche aufweist. Erst auf der um 1435/40 entstandenen Wandmalerei am nördlichen Mittelpfeiler der Kirche lässt sich das Modell durch Charakteristika wie Doppelturmfassade und Dachreiter mit ihrer Grabeskirche identifizieren.

Seit dem späten 15. Jahrhundert fanden die Elisabeth-Darstellungen mit Kirchenattribut vor allem im hessischen Bereich weite Verbreitung. Unsere Abbildung zeigt die Heilige auf der Predella des Ahnaberger Altars (Klosterkirche des ehemaligen Prämonstratenser-Chorfrauenstifts Ahnaberg bei Kassel). Der Unterbau des Altars (Predella), der eine Höhe von 39 Zentimetern hat, zeigt in der Mitte Jesus Christus unter einem Rundbogen, links (vom Betrachter aus gesehen) Johannes den Täufer und Paulus, rechts Petrus und die Heilige Elisabeth. Die Heilige ist mit Halsund Kopftuch dargestellt und trägt in der Linken ihre Kirche. Das Bild wird links vom braunschweigischen Wappenschild und rechts vom hessischen Wappenschild mit dem Landgrafenhelm begrenzt.

Der Altar dürfte um 1500 entstanden sein. Aus den Wappen kann auf Landgraf Wilhelm I. den Älteren und seine Gemahlin Anna, Tochter des Herzogs Wilhelm II. von Braunschweig-Wolfenbüttel, als Stifter geschlossen werden. Die Tochter der beiden starb 1513 als Stiftsfrau in Ahnaberg. Das Stift selbst war von der Landgräfin Hedwig, der Witwe Ludwigs I. und ihrem Sohn Graf Heinrich Raspe II. zwischen 1140 und 1148 als Augustinerdoppelstift gegründet worden, wurde aber von 1184 bis zur Reformation als Chorfrauenstift geführt. Wie ihre Vorgänger, so förderten auch die Landgrafen von Hessen das Stift. Die Stiftsfrauen bezeichneten 1469 die Heilige Elisabeth als *„Patronin des Fürstentums Hessen."* Und als solche erscheint sie auch auf der Predella des Ahnaberger Altars. Diese ist im Hessischen Landesmuseum Kassel zu besichtigen. Das Chorfrauenstift Ahnaberg ist lange schon untergegangen.

© Staatliche Museen Kassel, Foto: Ute Brunzel

Von Reliquien und Askese

Das klösterliche Spital zu Eberbach

Eine der Grundlagen für die Entwicklung des mittelalterlichen Hospitalwesens war sicherlich das klösterliche Spital. Neben Akutkranken erhielten in diesen Spitalen auch Gebrechliche, Arme, Pilger und Waisenkinder eine zeitweilige, gegen Bezahlung sogar eine auf Dauer angelegte Versorgung.

Dass es im abendländischen Mönchtum überhaupt zu einer solchen prägenden Verbindung von Kloster und Hospital kam, ist vor allem der Regel des Heiligen Benedikt von Nursia zu verdanken. In der *„Regula Benedikti"* wird (im Besonderen in den Kapiteln 31, 36 und 53) von der Versorgung der kranken Mönchsbrüder, der armen und kranken Fremden und vor allem aber der Pilger gesprochen. Diese Vorschrift für die Lebensführung der Mönche wurde im christlichen Bereich richtungsweisend für die Ausübung der Medizin und der Krankenpflege.

Für Fremde sah die Klosterarchitektur daher schon früh einen besonderen Bereich vor, der außerhalb der eigentlichen monastischen Gebäude, aber innerhalb der Klostermauern lag. Dabei kann man durch das Mittelalter hindurch drei Grundtypen eines klösterlichen Hospitals erkennen: 1. das *„Infirmarium"* der Mönche, 2. das *„Hospitale pauperum"* für Arme und Pilger und 3. das „Haus für Gäste". Später kamen noch die Hospitäler für Novizen, Konversen und Laienbrüder dazu, sowie das *„Leprosorium"*, das Krankenhaus für Ansteckende, das gewöhnlich abseits des Klosters lag.

Vom burgundischen Kloster Cluny ging seit dem 10. Jahrhundert eine europaweite Reform des benediktinischen Mönchstums aus, die auch wesentlich zur Verbesserung der caritativen Einrichtungen der Klöster beitrug. Schließlich sorgte der Orden der Zisterzienser seit dem 12. Jahrhundert noch einmal für eine Reform des mönchischen Lebens. Bis zum Ende des Mittelalters wurden von Schottland bis Portugal und bis weit nach Osteuropa hinein rund 800 Klöster des Zisterzienserordens errichtet, und fast alle besaßen mindestens ein *„Infirmarium"* oder ein *„Hospitale pauperum"*.

Das zur Zeit Elisabeths um 1220 gegründete Hospital im Zisterzienserkloster Eberbach im Rheingau ist hierfür ein hervorragendes Beispiel. Die Klosterbaukunst beschreibt den Bau als einen *„hohen, rippengewölbten, dreischiffigen Raum von nicht weniger als neun Jochen. Portal und Fenster haben monumentale Ausmaße. Die spitzbogigen Oberfenster waren verglast und ließen sich nicht öffnen. Im Erdgeschoss, dicht über den Betten, ergänzten sie eine Reihe von kleinen Fenstern, die nur mit Holzklappen verschlossen werden konnten und so ausschließlich der Lüftung dienten."* Obwohl in Eberbach seit 1131 Benediktiner siedelten, brachten erst

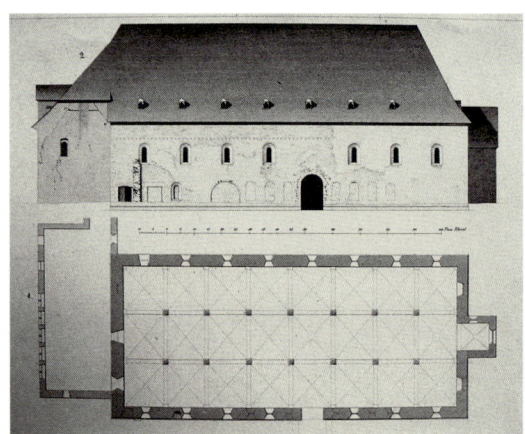

*Bauaufnahme
Nassauische Altertümer,
19. Jahrhundert*

*Kloster Eberbach im
19. Jahrhundert*

die Zisterzienser das Kloster zur Blüte. Sie fanden hier ideale Bedingungen für die Verwirklichung ihres Ordensideals.

Wenngleich die unerbittliche Askese dieser Frühzeit des Ordens nicht die geringste Bequemlichkeit erlaubte, zog das entbehrungsreiche Dasein große Scharen an. Man geht davon aus, dass in Eberbach allein im 12. und 13. Jahrhundert 200 Mönche und 300 Laienbrüder neu aufgenommen wurden. Die Tüchtigkeit und die Frömmigkeit brachten dem Kloster großes Ansehen, da ihre wirtschaftlichen Kenntnisse auch der Bevölkerung zugute kamen. So haben die Mönche unter anderem den einheimischen Weinbau weiterentwickelt, der über viele hundert Jahre die wirtschaftliche Grundlage des klösterlichen Lebens bildete.

Von Elisabeth von Thüringen, die ja auch als Hospitalheilige verehrt wurde, ging in jener Zeit eine kolossale karitative Kraft aus. Um diese zu instrumentalisieren und um die räumliche Ausbreitung des Elisabethkultes zu fördern, wurden im Spätmittelalter gerne Reliquien ausgeliehen. So befand sich auch in Eberbach über einige Zeit ein Altar mit einer Reliquie der Heiligen. Damit wurde das Kloster schnell zu einem Ziel für Wallfahrten und Pilger, denen der Glaube vermittelte, dass die Kraft und Wundermacht der Heiligen über deren Tod hinaus wirkt. Die Verehrung einer Reliquie ist ja zugleich die Teilhabe der Gläubigen an deren Macht. Heute dient die frühgotische Hospitalhalle als Weinkeller und als Ort für Degustationen.

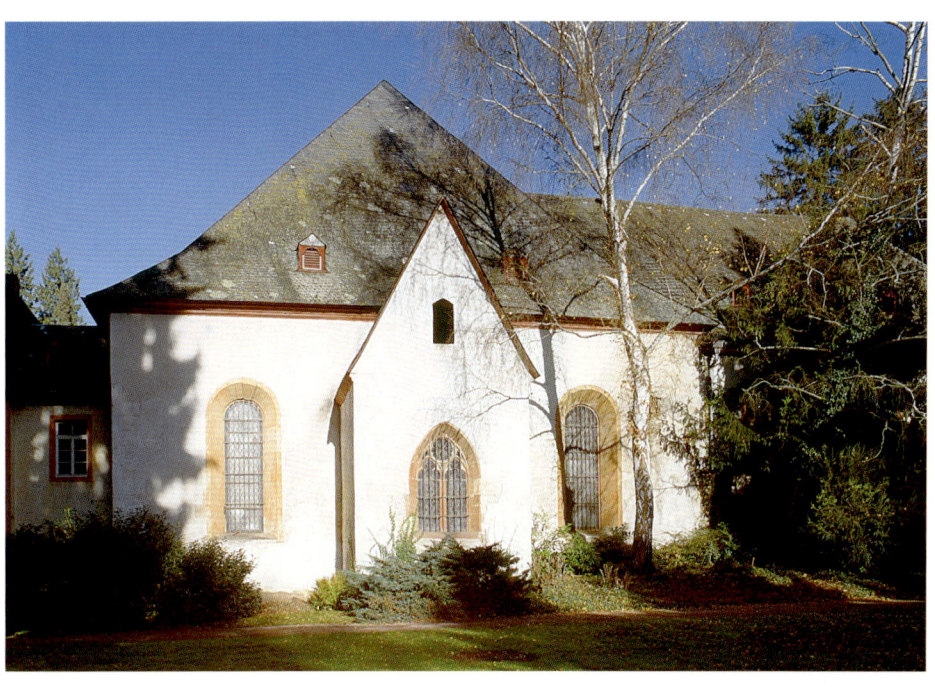

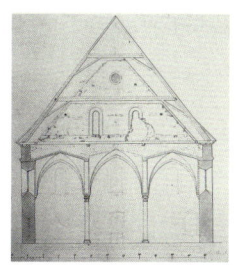

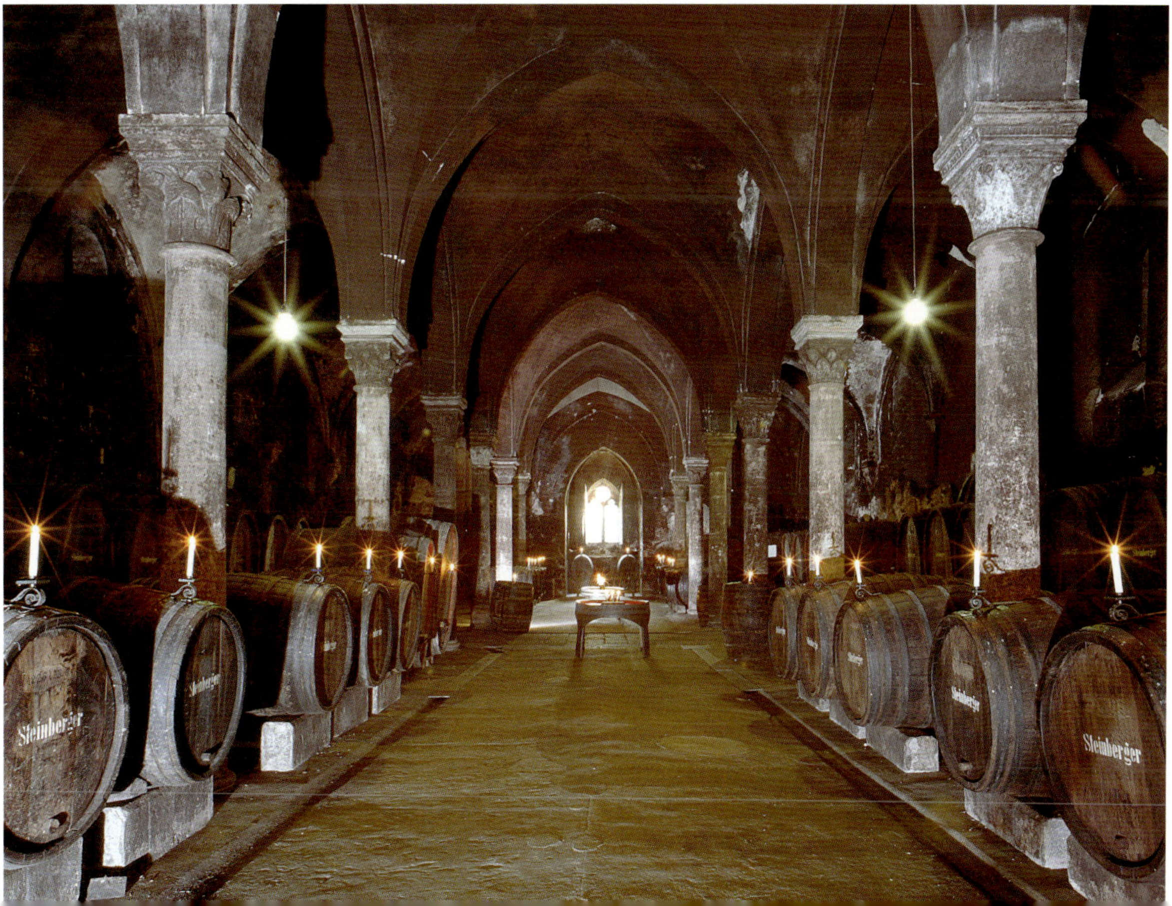
Steinberger
Steinberger
Steinberger

Eine Holzstatue der Heiligen Elisabeth

Die ehemalige Klosterkirche in Johannesberg

Der ursprüngliche Name des Ortes Johannesberg im Rheingau (einem Ortsteil der Stadt Geisenheim) lautete Bischofsberg. Dieser wurde dem Kloster St. Alban in Mainz zur Errichtung des Benediktinerklosters „St. Nikolaus" übergeben. 1130 verlieh Erzbischof Adalbert der Abtei dann die Pfarrbefugnis und das Recht, am Johannistag einen Jahrmarkt abzuhalten. In Folge dieses Marktes wurde der Name Bischofsberg seit dem Ende des 12. Jahrhunderts nach und nach verdrängt.

Nachdem das Kloster im Bauernkrieg 1525 schwer beschädigt und 1552 sogar verwüstet worden war, hob man es 1563 auf. Die Klosterkirche ist seitdem die Pfarrkirche des Ortes. Die Klostergebäude selbst wurden im 18. Jahrhundert durch ein Sommerschloss ersetzt, das sich die Fürstäbte aus Fulda nach Aufkauf der Anlage herrichteten. Im Jahr 1815 erhielt Fürst Clemens von Metternich die großzügige Barockanlage vom österreichischen Kaiser geschenkt.

Da es um die Elisabethskulptur geht, hier nur einige kurze Anmerkungen zur heutigen katholischen Pfarrkirche: Die flachgedeckte, romanische, dreischiffige Pfeilerbasilika mit Querschiff und drei unmittelbar angesetzten gewölbten Apsiden wurde Anfang des 12. Jahrhunderts erbaut und 1717 durch Johann Dientzenhofer barockisiert. Nach einem verheerenden Brand im Jahr 1942 wurden alle Zutaten des 18. und auch die des 19. Jahrhunderts zerstört. Beim Wiederaufbau wurde dann der romanische Gründungsbau wieder freigelegt.

Im Querhausarm finden wir die Holzstatue der Heiligen Elisabeth, die eindeutig an ihren Attributen identifiziert werden kann: sie hält Brot in der rechten und eine Henkelkanne in der linken Hand. Diese Motive stehen für das Stillen des Durstes und des Hungers. Die Arbeit wird um 1530 datiert und es konnte sogar die alte Farbfassung restauriert werden. Markant ist dabei, wie sehr sich in dieser Figur das Selbstbewusstsein des Renaissance-Menschen zeigt. Die Gestalt Elisabeths erscheint in prächtiger bürgerlicher Kleidung und die halbgeschlossenen Augen (die den Blick nach innen zu richten scheinen) transponieren den äußerlichen Ausdruck eines angemessenen Selbstwertes und die Gewissheit innerer Überzeugung. Die Heilige ist hier also in knapper motivischer Formulierung als Vorbild vergegenwärtigt.

Das Inventar der Pfarrkirche wurde offenbar gelegentlich ausgetauscht oder beiseite geschafft. 1884 wurde nämlich einem Winzer die Statue der Heiligen Elisabeth, die sich unbenutzt auf dem Kirchspeicher befand, zur Aufstellung in einem Heiligenhäuschen seines Weinberges angeboten. 1907 wurde sie dort gestohlen und bei einem Münchner Händler wieder gefunden. Jetzt erst wurde man auf ihren Kunstwert aufmerksam. Die Metternichsche Verwaltung wollte sie nun listig verkaufen, fragte aber korrekterweise bei der Regierung an, ob dazu neben der Genehmigung des Bischofs auch die Zustimmung der staatlichen Aufsichtsbehörde nötig sei. Beide Instanzen protestierten. So blieb die Figur der Heiligen Elisabeth der Kirche erhalten.

*Altes Kloster Tiefenthal,
um 1700*

Eine wechselvolle Geschichte

Das ehemalige Nonnenkloster Tiefenthal

Im Jahre 1242 schenkte der Mainzer Erzbischof der Äbtissin des Klosters Tiefenthal und ihrem Konvent das ehemalige Benediktinerinnenkloster, in dem sie lebten, und erteilte dem Kloster die Befreiung von allen Abgaben. Die zum Zisterzienserorden übergetretenen Schwestern folgten der Reformbewegung, die aus ihrem alten Orden hervorgegangen war und bekamen dafür nun ihr eigenes Kloster geschenkt. Die Äbtissin, Jutta von Dorndorf, wird schon im Jahr 1237 erwähnt, allerdings nicht als Leiterin der Abtei, sondern als „nobilis femina", als adlige Frau. In diesem Jahr hatte Meister Hermann, der Hochmeister des Deutschen Ritterordens, mit Jutta von Dorndorf nämlich einen Gütertausch beurkundet, der dem Kloster Tiefenthal zu neuen Besitzungen im umliegenden Raum verhalf. In der Urkunde ist die Rede davon, dass Jutta von Dorndorf mit dem Bau eines Klosters begonnen habe *„in loco nunc dicitur vallis sancte Elysabeth"* – an dem Ort, den man jetzt das Tal der Heiligen Elisabeth nennt.

Es ist bekannt, dass in dem damals als Elisabethenthal bezeichneten Tiefenthal schon vor 1237 ein Kloster stand. Es wird sich hierbei also um einen groß angelegten Neuaufbau oder Umbau der vorhandenen Klostergebäude gehandelt haben. Der Name „Elisabethenthal" war Anlass für die Entstehung der legendenhaften Überlieferung, die Heilige Elisabeth persönlich habe sich in Tiefenthal aufgehalten und Güter zum Bau des Klosters gestiftet. Elisabeth war allerdings schon sechs Jahre zuvor gestorben. Außerdem ist das Leben der ungarischen Königstochter und Landgräfin von Thüringen viel zu bekannt, als dass es möglich wäre, einen Rheingauaufenthalt vorzutäuschen. Die Legende entsprang wohl eher einem rührenden Wunschdenken.

Dass Elisabeth und ihre Familien dem Deutschen Ritterorden zutiefst verbunden waren, wurde aus gutem Grund ja schon des Öfteren erwähnt. Und so hatte auch das Kloster Tiefenthal anscheinend anhaltend gute Kontakte zu diesem Orden. So übte die jeweilige Äbtissin des Klosters Tiefenthal bis zur Reformationszeit das Patronatsrecht an der St. Mauritiuskirche in Wiesbaden aus, zunächst gemeinsam mit dem Deutschen Orden, ab 1286 dann alternierend zu diesem.

In den Besitz des Tiefenthaler Klosters gelangte dann auch das Bußkleid der Heiligen Elisabeth, die kostbarste Reliquie, die das Kloster in seiner Geschichte hütete. Heute befindet sich das Gewand in der Oberwallufer Pfarrkirche, wo es noch immer verehrt wird. Der Klostername „Elisabethenthal" hat sich übrigens nur wenige Jahre halten können. Schon bald tauchte in den Urkunden wieder der ursprüngliche Name auf. Freilich liegt die Vermutung nah, dass dieser Ort mit seiner einzigartigen Reliquie im Mittelalter zu einem begehrten Wallfahrtsziel avancierte.

Während des Dreißigjährigen Krieges erfassten die Wirren auch das Tiefenthaler Kloster. Mehrmals wurde es geplündert und zeitweise mussten die Nonnen ihr Kloster sogar verlassen und sich in ein sicheres Exil begeben. Was den Zisterzienserinnen nach diesem schrecklichen Krieg blieb, war ein großer Schuldenberg, da nicht nur die Klosterbauten verwahrlost und fast ruiniert, sondern auch die Güter des Klosters stark verödet waren. Trotz der überlieferten Maßnahmen zur Renovierung und zum Neubau der Klostergebäude und zur Verbesserung der Klosterwirtschaft hat sich das Kloster bis zu seiner endgültigen Auflösung zu Beginn des 19. Jahrhunderts wirtschaftlich nie mehr richtig erholt.

Das Kloster wurde erst von der Nassauischen Domäne übernommen und ging dann in mehrfach wechselndem Privatbesitz über. 1825 wurden die Klostergebäude weitgehend abgerissen. Aparterweise kaufte im Jahr 1871 der englische Baron Sutton die Reste auf. Zehn Jahre später gingen sie an die Mutter und die Tochter Philomena Grainger mit ihrer zahlreichen Dienerschaft aus Irland über, die sich das Anwesen als Landsitz ausbauten. Zu guter Letzt gründeten hier die Armen Dienstmägde Jesu Christi eine Niederlassung: Die Dernbacher Schwestern, wie sie heißen, verblieben (mit Unterbrechungen durch den Zweiten Weltkrieg, in dem die Gebäude wiederum völlig zerstört wurden) bis heute in dem neu aufgebauten Kloster. Nun sind es allerdings sehr nüchterne und rein zweckmäßige Gebäude.

Die Keilsteine sind Relikte von den Vorgängerbauten des Klosters

Auf dem Weg zum Bußgewand

Die Pfarrkirche Oberwalluf

Als das Kloster Tiefenthal 1803 aufgehoben wurde, schenkte der Fürst Carl von Nassau-Usingen der Pfarrkirche in Oberwalluf im Rheingau das Bußgewand der Heiligen Elisabeth. Die kirchlichen Gegenstände wurden damals aus dem aufgehobenen Kloster entfernt, und so gelang es dem Gemeindepfarrer, das Gewand und den Elisabethaltar zu erhalten. Tatsächlich war er dem Kloster in besonderer Art verbunden, da er als Beichtvater für die Zisterzienserinnen zuständig war.

Von nun an fand die Verehrung der Reliquie in Oberwalluf statt. Doch die Wallfahrt hatte nicht lange Bestand, denn den Wallfahrten und der Reliquienverehrung stand man schon in der ersten Hälfte des 19. Jahrhunderts nicht nur kritisch, sondern oftmals sogar ablehnend gegenüber.

Der Legende nach erhielt Elisabeth das verehrte Gewand vom Heiligen Franziskus persönlich geschenkt. Örtlicher Überlieferung zufolge, gelangte es nach ihrem Tod zunächst in das Deutschordenshaus nach Weißenburg im Unterelsaß und von dort in das Frauenkloster Tiefenthal. Bei dem Kleidungsstück handelt es sich um ein Schlupfgewand, das im hohen Mittelalter in dieser Weise recht typisch war: eine sogenannte *„cotte"*, bisweilen auch *„roc"* genannt. Diese tunikaähnlichen Kleider waren aus geraden Vorder- und Rückenbahnen gearbeitet, so dass die Rockweite durch seitlich eingesetzte Keile (die sogenannten Giren) gewonnen werden musste. In ähnlicher Weise wurden die Ärmel erweitert.

Elisabeth hatte in den Jahren 1228-30 in Marburg ein dem Heiligen Franziskus geweihtes Hospital gebaut. Den Quellen nach soll sie dabei meist eine *„Tunica grisea"* getragen haben, wobei *„griseus"* ein Hinweis auf eine breite Skala von dunkleren Tönen ist. Eine Einkleidungs-Szene wird übrigens auf den Glasfenstern in der Elisabethkirche in Marburg dargestellt: Magister Konrad streift der knienden Elisabeth über ihre elegante Fürstentracht ein schlichtes tunikaartiges Gewand.

Nach dem Niedergang der Wallfahrt wurde der Rock offensichtlich für längere Zeit gänzlich vergessen. Dann aber wandte sich ein Pfarrer Jahrzehnte später energisch an das Limburger Bistum mit einem Schreiben: *„Mir scheint es nun im Interesse der Religion zu liegen, auch von der schuldigen Pietät gefordert zu werden, dass man die in Abgang gekommene öffentliche Verehrung dieser kostbaren Reliquie wieder erneuere."* Und tatsächlich gestattete das Bischöfliche Ordinariat 1872 die neuerliche Verehrung der Reliquie. Am Fest der Heiligen Elisabeth erlaubte man dem Oberwallufer Pfarrer sogar die Segnung einer Statue der Heiligen.

Die Frage nach der Echtheit des Bußgewandes bewegte die Gemüter natürlich immer wieder, vor allem jetzt nach der Wiederbelebung der Wallfahrt. Das Mantelgeschenk durch Franziskus wird nur in einer einzigen Biographie erwähnt, die dann wohl zur Grundlage für alle weiteren Lebensbeschreibungen der Heiligen wurde. Auch für die Überlieferung, dass Elisabeth ihrer Dienerin den Mantel oder das Kleid überlassen habe, gibt es nur eine einzige, später übernommene Quelle. Insofern handelt es sich bei solchen Erzählungen nicht einfach nur um eine Legende, aber eben auch nicht um nachweisbare Tatsachen.

Die Frage nach der Echtheit der Reliquie wurde so lange aufgegriffen, bis anlässlich der Staufer-Ausstellung in Stuttgart 1976 genaue Untersuchungen vorgenommen und das Bußgewand im Württembergischen Landesmuseum restauriert wurde. Nach den neuesten Forschungen lässt sich nun das in Oberwalluf befindliche Gewand eindeutig in das 13. Jahrhundert datieren. Es ist eines der wenigen aus dieser Zeit erhaltenen Frauenkleider und ihm gebührt „große Beachtung".

Ein Plan des Enkels

Die evangelische Stadtkirche in Zierenberg

Eine Bauinschrift in der Turmhalle der Stadtkirche gibt uns konkrete Auskunft
über ihre Geschichte: *„Der erste Fürst, der hier kam in Hessen, Heinrich war sein Name,
Sankt Elisabeths Tochterkind, die Tyrenberg-Kirche baute, sind nach Gottes Geburt
zwölfhundert und dreiundneunzig Jahr. Danach fünfzig Jahr aufgenommen, war
die Mauer vollkommen."*

Landgraf Heinrich gründete den Ort Zierenberg tatsächlich um 1290 im Schnittpunkt mehrerer Gerichtsbezirke im Warmetal. Einige ältere Dörfer gingen in dem neu geschaffenen Ort auf und das Benediktinerkloster Hasungen, das bereits 1074 entstanden war, trat dem Adeligen das Recht auf die Besetzung der Pfarrstellen auf seinem Grund und Boden ab. Zierenberg, in dem die Bewohner der aufgesogenen Dörfer weiterhin besondere Meierschaften bildeten, war in erster Linie als Verwaltungsmittelpunkt gedacht. Die Kirche aber, deren Patronat Landgraf Heinrich übernommen hatte, war ihm eine wahrhafte Glaubens- und Herzensangelegenheit.

Das Jahr 1293 gilt als Beginn der ersten Bauphase, in der der Chor und der Turm entstanden. 1430 oder 1436 werden als weitere Daten von Bautätigkeit erwähnt, womit wohl die Einrichtung des Kirchenschiffs gemeint ist. Das bedeutet, dass das Kirchenschiff abgerissen und in breiterer Form wieder aufgebaut wurde. Der Name eines Steinmetzen, „Hans Meynworten", wird im Zusammenhang mit diesen Phasen genannt. Er könnte also der Baumeister des Langhauses gewesen sein.

Die Weihe des Gotteshauses muss vor 1476 erfolgt sein, da dieses Datum und die Inschrift „1488 is dit gemalt" in den östlichen Gewölben den Beginn und den Abschluss der Arbeiten an den Wandmalereien in den Kirchenschiffen beziffern, die nach der Fertigstellung des Baus in Angriff genommen wurden. Eingespannt zwischen einem niedrigeren Chor und dem wuchtigen Westturm erstreckt sich das mächtige Langhaus der spätgotischen Hallenkirche mit seinen massiven Strebepfeilern. Die Seitenschiffe sind etwa halb so breit wie das wenig überhöhte Mittelschiff und werden von hohen spitzbogigen Kreuzrippengewölben überfangen. Die verschiedenen Baumaterialien (Kalkstein, Tuffstein, Sandstein) zeugen sichtbar von den verschieden Bauphasen. Das spätgotische Fenstermaßwerk ist im Lauf der Zeit teilweise erneuert worden. Der monumentale Westturm erhielt 1586 seinen zweistöckigen Achteckaufsatz und die Galeriebrüstung; 1711 kam der Haubenhelm dazu. Im Chor und im Langhaus sind sehr bedeutende und umfangreiche gotische und spätgotische Wandmalereien angebracht, die die Kirche zu einem wahren Kleinod machen.

Kirchenausmalungen aus dem 14. und 15. Jahrhundert findet man gerade in Hessen in großer Zahl, doch sind sie nur in seltenen Fällen in derselben Dichte und Fülle erhalten wie in Zierenberg. Freilich: 1604 waren sie von Moritz dem Gelehrten unter Berufung auf das biblische Bilderverbot zugetüncht worden und somit bis 1934 geschützt. Dann wurden sie entdeckt, freigelegt und restauriert. Bei derselben bilderstürmenden Gelegenheit waren aber leider auch die beiden Seitenaltäre verbrannt worden, die der Kirchenpatron Landgraf Hermann 1394 gestiftet hatte – den linken zu Ehren seiner Ahnfrau Elisabeth von Thüringen, den rechten für die Heilige Katharina.

Die nahezu flächendeckende und unglaublich anziehende Ausmalung der Kirche ist ein Zeichen für die innige Frömmigkeit des späten Mittelalters und das drängende Bedürfnis, den Gläubigen die wunderbaren Ereignisse aus der Bibel und aus den Heiligenlegenden

Bauinschrift in der Turmhalle

bildhaft zu erzählen. Im südlichen Seitenschiff ist eine Frau zu erkennen, die zwei Pilger verabschiedet. Es ist das erste Bild einer Bildfolge von ehemals vermutlich zwölf Szenen, die nur sehr fragmentarisch erhalten sind. Der Zyklus befindet sich als einzige Malerei im Erdgeschoss und beginnt unmittelbar unter der Gestalt des Heiligen Jakobus, der in Pilgerkleidung und mit Muschel am Hut dargestellt ist. Der Legende nach wurden seine Gebeine in Nordspanien bestattet. An der Stelle seines Grabes entstand schon im 11. Jahrhundert der bedeutende Wallfahrtsort Santiago de Compostela, der bis zum heutigen Tag nichts an Anziehungskraft verloren hat. Die bildliche Darstellung der Legende des Heiligen Jakobus in der Zierenberger Kirche lässt übrigens einen interessanten Rückschluss zu: Der Ort und die Kirche könnten eine Raststation für Pilger gewesen sein. Dabei denken wir weniger an die weite Pilgerschaft nach Nordspanien, als an einen Pilgerpfad nach Marburg zu dem unendlich verehrten und begehrten Wallfahrtsort der Grabstätte der Heiligen Elisabeth.

Die Kreuzrippengewölbe in dem dreischiffigen Innenraum laufen in neun behauenen Schlusssteinen zusammen, die (mit einer Ausnahme) beim Kirchenumbau 1430 eingesetzt wurden. Der besonders große Gewölbeschlussstein im nördlichen Seitenschiff mit der Kreuzigungsgruppe stammt aus dem ersten Bau von 1293. Er zeigt Maria und Johannes mit der Bibel in der Hand unter dem Kreuz. Der Christus am Kreuz mit Dornenkrone und leicht geneigtem Kopf wirkt hier aber nicht selbst leidend. Er wird von Maria (mit gefalteten Händen) und von Johannes, der den uralten Melancholie-Gestus des in die Hand gelegten Kopfes vollzieht, betrauert.

Von der Heimat des geheimnisvollen Junkers

Die Dorfkirche in Dörnberg im Habichtswald

In Dörnberg erzählt man die Legende, dass ein Junker von Dörnberg Mitglied der Gesandtschaft war, die die vierjährige ungarische Prinzessin Elisabeth von der Pressburg zur Wartburg holte. Zur eigentlichen Geschichte des Dorfes Dörnberg und des freiadligen Geschlechts gleichen Namens gibt es tatsächlich nur einige chronikalische Splitter. Allerdings wird das Dorf unter dem Namen „Thurinkiberge" in der Stiftungsurkunde des nahegelegenen Benediktinerklosters Hasungen erwähnt, das 1204 auf dem Burgberg geweiht worden war. Im Jahr 1272 ist ein Ludwig de Duringeberg zu Allendorf an der Werra ansässig. Die dortige Igelsburg, eine Palisadenfestung, zwei Kilometer östlich vom Dorf gelegen, wird allerdings schon im 13. Jahrhundert von den Adeligen aufgegeben.

Von dem romanischen Bau der ehemaligen Wehrkirche blieben der monumentale Westturm und die Mauern des 1508 und 1588 erneuerten flachgedeckten Schiffes erhalten. Die kleinen romanischen Fenster wurden durch größere gotische mit Fischblasenmaßwerk ersetzt. An der Südseite des Schiffes ist noch heute der romanische Eingang zu sehen. Der Rechteckchor, der genauso breit ist wie das Schiff, wurde mit seinem reichen Sterngewölbe 1509 eingeweiht.

Ungewöhnlich im Schiff ist die kräftige Holzstütze, die eingebaut werden musste, um die Decke und die Emporen zu halten. Im Chor sind zu Beginn des 16. Jahrhunderts recht bemerkenswerte Wandmalereien mit Darstellungen der beliebtesten Heiligengeschichten angebracht worden. Es handelt sich um Figuren ohne eigentliche räumliche Verbindung: die volkstümliche Kunst eines begabten, ländlichen Malers. Auch die zahlreichen Schlusssteine des Sterngewölbes sind von beachtlich starker Plastizität und zeigen reich verzierte und bemalte Heiligenfiguren, Wappen und Symbole.

Der Ritter, der an der Nordseite des Chorraumes dargestellt ist, wird gern als Stifter des Altarraumes angesehen. Wiewohl auf der Fahne und auf dem Schild keine Wappen mehr zu erkennen sind, wird vermutet, dass der Junker Hans von Dörnberg, der am 23. Juli 1427 geboren wurde, die hübsche Ausmalung gestiftet hat. Der Junker starb 1506 und

ihm wurde die Ehre zuteil, in der Elisabethkirche zu Marburg beigesetzt zu werden. Ein Epitaph erinnert dort an ihn. Die offensichtlich starke Verehrung der Elisabeth durch den Junker Hans wurde bildlich im Gewölbeschlussstein und in dem Wandgemälde festgehalten. Hier ist das so genannte Mantelspendemotiv abgebildet: Die Heilige hält in der rechten Hand ihre Kirche und spendet mit ihrer linken Hand einem Bedürftigen ein Gewand.

1604 führt Landgraf Moritz der Gelehrte in seinem Territorium das calvinistische Bekenntnis ein und ordnete dementsprechend auch in Dörnberg die Entfernung aller Bildwerke an. Die Wandmalereien wurden übertüncht und erst 1934 wieder freigelegt und restauriert.

Ein noch heute blühendes Geschlecht

Schweinsberg und die ehemalige St. Stephanskirche

Schweinsberg gehörte vermutlich ursprünglich zum Reichsgut um die Amöneburg, in dem die Herren von Merlau Reichsvögte waren. Am Ende des 12. Jahrhunderts heiratete der landgräflich thüringische Burgmann Guntram von Marburg die Schwester Eberhards von Merlau und kam dadurch in den Besitz des Berges. Er erbaute von 1231 bis 1234 in Schweinsberg eine Ganerbenburg, von der nur noch Trümmer erhalten sind. Um 1239 wurden die Schweinsberger Erbschenken in Hessen und nannten sich nunmehr „Schenk zu Schweinsberg". Die seit 1875 freiherrliche Familie, die mehrere Fürstäbte und hessische Minister gestellt hat, ist noch heute in verschiedenen Linien vertreten.

Auch das Dorf Schweinsberg ist eine Schenksche Gründung aus dem zweiten Drittel des 13. Jahrhunderts. Sie ging mit einer Erweiterung der Burganlage einher, von der noch die innere Zwingermauer erhalten ist. Dann kamen Wohn- und Wirtschaftsgebäude und die Stadtmauer hinzu. Um 1482 ließen die Schenken ihre Burg nochmals nach den modernsten Erfordernissen der Kriegführung erweitern. Der landgräfliche Festungsbaumeister Jakob von Ettlingen baute die gewaltige äußere Zwingermauer mit ihren vier kasemattierten Türmen. Dem Tor von 1482 ist außerdem eine kleine Vorburg vorgelagert, die heute das Familienarchiv beherbergt. Auch die Kemenate, die von der Familie noch heute bewohnt wird, stammt aus dem 15. Jahrhundert. Im Dreißigjährigen Krieg brannte sie allerdings ab und wurde erneuert. 1852 kam es dann noch zu einem gotisierenden Umbau. Der nicht mehr bewohnte Fähnrichsbau stammt aus den dreißiger Jahren des 16. Jahrhunderts.

Die Pfarrkirche, die ehemals St. Stephan hieß, wurde um 1260 von den Herren zu Schweinsberg gestiftet. Auch sie erlebte mehrere bauliche Veränderungen: einen Neubau in der Renaissance, Zerstörungen im Dreißigjährigen Krieg und dementsprechende Wiederherrichtungen. Zu guter Letzt wurden (mit der Ernennung der Familie zu Freiherren) einige energische restauratorische Eingriffe vorgenommen und neue Ausstattungsstücke erworben: der Altar aus dem Jahr 1885 und das die Atmosphäre des Raumes bestimmende Buntglasfenster. Es zeigt im Mittelteil Christus als Weltenrichter mit einer geöffneten Bibel, rechts daneben den Kirchenpatron Stephanus und auf der linken Seite die Heilige Elisabeth mit dem Rosenwunder.

Die im 19. und frühen 20. Jahrhundert entstandenen Glasmalereien führten in der Wertschätzung von Kunsthistorikern und Denkmalpflegern lange Zeit ein Schattendasein. Sie galten nicht selten als „zopfig", als wenig origineller Abklatsch mittelalterlicher Glasmalerei, als schwülstige Inszenierung einer von Romantik geprägten Religiosität. Indes setzte sich allmählich die Erkenntnis durch, dass die Vorbehalte gegenüber dem Inhalt und der Qualität unbegründet waren, da sich hinter den einzelnen Figuren und Szenen ein durchaus raffinierter Umgang mit unterschiedlichen Bildvorlagen verbirgt. Außerdem wurde deutlich, dass die Fenster in einem monumentalen Format aufschlussreiche, geistesgeschichtliche Zeugnisse darstellen, die oft in einer so brillanten Technik ausgeführt wurden, dass die Ergänzung einzelner Fehlstellen manchen Glasmaler und Restaurator vor ein Problem stellt.

Die beengte Lage zwischen der Burg im Osten und dem Dorf im Westen wird der Grund dafür sein, dass das das Verhältnis von Länge und Breite des Langhauses nicht das übliche ist. So kam es letztlich zu einem quadratischen Grundriss. Die schlichte, dreischiffige Hallenkirche mit ihren drei Jochen und sehr schmalen Seitenschiffen ist tatsächlich um das westliche Joch kürzer. Das reiche Stern- und Netzgewölbe des Chores zeigt Wappenschlusssteine und dekorative Gewölbemalereien. An der Nordseite des Chores finden wir anrührende Reminiszenzen aus der vorreformatorischen Zeit: fünf verschieden große Sakraments- und Reliquiarnischen.

Schweinsberg selbst ist ein Ort, der sich eine ungewöhnliche Aura von Authentizität und Historizität erhalten hat, nicht nur wegen der über Jahrhunderte gewachsenen Architektur, sondern wegen der anhaltenden Präsenz der herrschaftlichen Familie.

Kunst unterm Wehrturm

Die Pfarrkirche St. Hubertus in Mardorf

Das älteste Zeugnis für den Elisabethkult außerhalb Marburgs findet sich in Mardorf. Die dortige Feldflur (aber auch die Lage des Ortes selbst) ist äußerst reich an vorgeschichtlichen Fundplätzen. Wir haben es also mit einem ganz besonderen Kulturboden zu tun. Nur von der Burg der 1223 bis 1429 nachweisbaren Ritter von Mardorf sind leider keine nennenswerten Spuren erhalten.

Freilich: Der Kirche St. Hubertus sieht man trotz aller barocken Zutaten ihr ehrwürdiges Alter an. Der wuchtige Wehrturm weist eindeutig in das Mittelalter, der ehemalige mächtige Chorturm an der Nordseite (13. Jahrhundert) wurde um 1400 sogar zum wehrhaftesten Turm der Region ausgebaut. Das erste und das dritte Geschoss sind gewölbt, letzteres verfügt über eine Einstiegsöffnung. Daneben sind noch zwei der ursprünglich vier Gusserker zu sehen und darüber, leicht vorgekragt, das ehemals offene Wehrgangsgeschoss mit Zinnen und Schießscharten.

Beim Betreten der Mardorfer Kirche wird man ganz von einem barocken Raum gefangen genommen, dessen raumgreifende originale Ausstattung den Blick auf den Hochaltar im Chor lenkt. Dieser Saalbau wurde 1713-26 mit schmalerem, dreiseitig geschlossenem Chor gebaut. Seit dem Barockbau diente das Turmerdgeschoss als Sakristei, und hinter einer Schrankausstattung aus jüngerer Zeit verblüffte vor allem die Raumschale im ehemaligen Altarraum einer gotischen Kirche. Westlich erstreckte sich ursprünglich das Kirchenschiff. Der alte Chorbogen ist außen noch zu verfolgen.

Unter einem Kreuzrippengewölbe mit schön ornamentiertem Schlussstein finden wir auf der Nord-, Ost- und Südwand des Raums jeweils figürlich reich gestaltete Wandmalereien. Wir sehen erzählende Szenen sowie Einzelfiguren, von denen manche leicht lesbar (wie die Kreuzigung auf der Ostwand), andere nur noch schemenhaft zu erkennen sind. Auf der Südwand ist die Mantelteilung des Heiligen Martin zu erkennen. Es setzten sich Darstellungen der Barmherzigkeit fort, die sich auch auf der wichtigen Ostwand, der ehemaligen Altarwand der mittelalterlichen Kirche, befinden. Im benachbarten, südlichen Abschnitt tritt uns die Heilige Elisabeth mit gleich drei Beispielen ihres den leidenden Menschen zugewandten Lebens entgegen: „Elisabeth bekleidet einen Bettler", „Elisabeth füttert einen Kranken" und „Elisabeth wäscht einem Aussätzigen die Füße". In Mardorf tragen auch die beklagenswerten Menschen einen besonderen Nimbus. Das bezeugt, dass Elisabeth in ihnen Christus sah. Denn Christus sprach zu den Jüngern: *„In dem Menschen* (dem Bemitleidenswerten) *erkennt ihr mich."* Insgesamt sind

noch zwölf Szenen erkennbar. Eingerahmt und getrennt voneinander werden die Bild-
flächen durch rot und gelb aufgemalte Bänder mit schwarzen Begleitstrichen. In
einigen Bereichen sind die Bänder auch mit geometrischen Mustern versehen. Die
vergessenen frühgotischen Wandmalereien wurden von 1937 bis 1938 freigelegt.

Der Deutsche Orden war noch mit dem Bau der Elisabethkirche in Marburg beschäftigt,
da hatten die Mardorfer der Heiligen schon einen Ehrenplatz in ihrer Kirche eingeräumt.
Hier im Chorturm blieb, welch ein Schicksal, der älteste bekannte Elisabeth-Zyklus
erhalten. Er überstand 750 bewegte Jahre, mehrere Umbauten, ja selbst die Wirren des
Dreißigjährigen Krieges. In den letzten Jahren sind das Bistum Fulda, die Denkmalpflege
und die Kirchengemeinde mit sehr gutem Erfolg angetreten, das Kleinod mittelalterlicher
Volksfrömmigkeit zu retten. Ein Teil der Wandmalereien ist im 17. Jahrhundert durch

bauliche Veränderungen verloren gegangen, etwa durch die Vergrößerung von Fensteröffnungen. Der größte Teil der Schäden ist jedoch nach dem kundigen Urteil des beauf-
tragten Restaurators nicht altersbedingt, sondern durch die Restaurierung in den dreißiger Jahren des 20. Jahrhunderts entstanden. Es wurde nicht wissenschaftlich, sondern
handwerklich vorgegangen, das heißt: Es wurde nachlasiert und teilweise viel zu kräftig
patiniert. Die Malereien wurden so hergerichtet, wie mittelalterliche Bilder nach Auffassung der damaligen Zeit auszusehen hatten. Abgesehen davon gab es wohl auch schon
früher eine Renovierung der Wandmalereien: Eine weitere, sehr farbige Ausmalung dürfte
um 1500 entstanden sein. Trotz allem ließ sich im Wesentlichen eine Farbfassung belegen, die im 13. Jahrhundert entstanden ist und bei der es sich mit einiger Sicherheit
um die ursprüngliche Ausmalung handelt. Älteste Reste historischer Farbfassungen an
Gewölberippen, Konsolen und Fenstergewänden wiesen durch kleine Freilegungsproben
den richtigen Weg. Die Datierung schwankt doch zwischen Mitte des 13. und der des
14. Jahrhunderts. Es ist anzunehmen, dass diese Ausmalungen über zwei oder drei Gene-
rationen hinweg vervollständigt wurden.

Zweifellos darf man zufrieden sein, da (unter Berücksichtigung des Alters) ein recht
guter Zustand vorliegt: So vollständig erhalten wie hier im Kirchturm gibt es in den
Landschaften Mitteleuropas nur noch ganz vereinzelt eine szenisch-figürliche Wand-
bemalung aus der Zeit um 1300. Somit ist die Mardorfer Wandgestaltung wahrhaft ein
rares Schmuckstück. Der Raum soll zukünftig als Taufkapelle dienen und würde somit
wieder sakral genutzt werden. Zudem können die Kunstwerke so für Besucher
zugänglich gemacht werden.

Ein großes Erbe

Das Sophiendenkmal auf dem Marktplatz in Marburg

Seit 1989 ist die lebensgroße Bronzestatue der Herzogin Sophie von Brabant, der Tochter Elisabeths, die den Marburgern in aufrechter Haltung stolz ihren Sohn „Heinrich, das Kind" (den späteren Landgrafen von Hessen) präsentiert, zu einer echten Touristenattraktion avanciert. Die Stadtsparkasse hatte der Stadt anlässlich ihres hundertfünfzigjährigen Jubiläums eine Spende zur Errichtung eines repräsentativen und lokalgeschichtlich aufschlussreichen Denkmals offeriert, und die Marburger entschieden sich für diese Familienszene.

Die Inschrift im Sockel nimmt allerdings weder auf den Ort der Aufstellung, noch auf den historischen Anlass Bezug. Dieser wird allerdings durch die Tafel am Marktbrunnen, der nur wenige Meter entfernt ist, deutlich: Die Darstellung nimmt Bezug auf die Ereignisse des Jahres 1248, die eng mit dem Ausbruch des hessisch-thüringischen Erbfolgekrieges verbunden sind. Sophie war mit Heinrich II. (Herzog von Lothringen und Brabant) verheiratet, der früh starb, ohne seiner Frau und ihrem vierjährigen Sohn ein angemessenes Erbe hinterlassen zu können. Sophie war nämlich seine zweite Gattin, und die brabantische Erbschaft blieb den Kindern aus erster Ehe vorbehalten. Durch den Tod ihres Onkels Landgraf Heinrich Raspe hatte Sophie jedoch Aussichten auf ein nicht minder reiches Erbe: die vakante Herrschaft der Ludowinger.

Doch die Nachfolge der thüringischen Landgrafen beanspruchten ebenfalls zwei mächtige

Fürsten des Reiches: Markgraf Heinrich der Erlauchte aus dem Haus Wettin und der
Mainzer Erzbischof. Strategisch klug durchdacht, begab sich die Herzogin daher zunächst
auf eine Reise durch das hessische Territorium, wo sie sich der breiten Zustimmung für
ihr Vorhaben gewiss sein konnte. Dort hieß man Heinrich das Kind nämlich als einzigen
Enkel und „Sohn der Tochter" der heiliggesprochenen Landgräfin Elisabeth willkommen.
So konnte Sophie bald darauf in den kriegerischen Auseinandersetzungen auf die Rücken-
stärkung durch den hessischen Adel, die Landstände und den in Marburg ansässigen
Deutschen Orden zählen. Schlussendlich behauptete sich diese Allianz erfolgreich:
Sophie musste zwar auf Thüringen verzichten, sicherte jedoch für ihren Sohn die
Herrschaft über die künftig selbständige Landgrafschaft Hessen.

Geschaffen hat die Bronzestatue Ivan Theimer aus Mähren, der heute in Paris und Lucca
lebt. Eine zierliche Frau in einem schmucklosen Gewand hält ihren nackten und damit
schutz- und wehrlosen Sohn hoch. Haltung und Gestus sind der klassizistischen Plastik
nachempfunden. Geradezu verblüffend sind die Ähnlichkeiten mit einem Denkmal
für die Menschenrechte in Paris, das der Künstler im selben Jahr geschaffen hat; Sophie
und Heinrich erscheinen dort nur ganz geringfügig geändert als Protagonisten der
Französischen Revolution.

Zeuge hessischer Aufrüstung

Die Burg Frauenberg im Ebsdorfergrund

Nicht nur im Kampf um das ludowingische Erbe war das Bistum Mainz dauerhaft der gefährlichere Gegner der hessischen Landgrafschaft. Der Streubesitz, den das Erzstift schließlich in Hessen behauptete (Amöneburg, Fritzlar und Naumburg), darf nicht darüber hinwegtäuschen, dass die umkämpften Gebiete bis in das 15. Jahrhundert hinein in Gefahr schwebten, ihre Selbständigkeit zu verlieren und in den Mainzer Territorialbereich einbezogen zu werden. Das Erzstift hatte, als es im 13. Jahrhundert daran ging, Hessen zu gewinnen, gute Voraussetzungen für eine Übernahme. Zu den günstigen Umständen gehörte zum Beispiel die Trennung Hessens von Thüringen. Da, wie beschrieben, Sophie von Brabant, als von allen Seiten bedrängte Mutter, das Erbe für ihren Sohn Heinrich verteidigen musste, war es zu dieser Teilung gekommen. Sophie verstand allerdings, sich dadurch Vorteile zu verschaffen, dass sie im Besitz von Mainzer Lehen war, so dass es den Mainzer Erzbischöfen nicht gelang, die Linie der Landgrafen zu vertreiben. Über die Vormacht in Hessen entbrannte zwischen beiden dennoch ein schier endloser Kampf, in dem die Waage mal hierhin, mal dorthin ausschlug.

An strategisch wichtigen Punkten wurden in dieser Zeit von beiden Seiten Burgen errichtet, was mit sich brachte, dass bisweilen direkt gegenüber der Festung des Gegners eine eigene Trutzburg aufgebaut wurde: Weil die Landgrafen von Thüringen schon Ende des 12. Jahrhunderts in Marburg eine Burg errichtet hatten, die zu ihrem festen Rückhalt wurde, befestigte der Erzbischof unweit Marburgs in Amöneburg seinen mainzischen Stützpunkt. Gegen Amöneburg baute die Landgräfin Sophie um 1250 wiederum die Burg Frauenberg, woraufhin Mainz am Südhang des Kellerwaldes 1241 die Trutz Jesberg erwarb. An der unteren Eder wurde als Reaktion die Burg Heiligenberg von Mainz erbaut usw. Ein frühes Beispiel für eine intensive Politik der Aufrüstung. In jedem Fall saßen die beiden Gegner, über ganz Hessen verstreut, dicht aufeinander, und am Ende verdrängte der Landgraf den Erzbischof aus seinen Stellungen.

Zur Sicherung des hessischen Erbes und zum Schutz von Marburg erbaute Sophie von Brabant sechs Kilometer südlich der Stadt um 1250 die Burg Frauenberg, die auch die Aufgabe hatte, eine wichtige alte Straßenkreuzung gegen die unweit gelegene Amöneburg zu sichern. Diese Feste war stets mit Burgmannen besetzt, die sich teilweise nach der Burg nannten. Zum Beispiel trat dort 1315 ein Sohn des Ritters Werner von Schröck als Burgmann Adolph von Frauynberg auf. Im 14. Jahrhundert wurde die Burg von den Landgrafen mehrfach verpfändet, bevor sie Ende des 15. Jahrhunderts zerstört wurde, ob durch einen Brand oder wegen Straßenräuberei, ist ungeklärt. Da sie durch die hessische Übernahme der Grafschaft Ziegenhain seit 1437 ihre Bedeutung und vor allem ihren Nutzen verloren hatte, wurde sie nicht erneuert. Danach verfiel sie völlig und wurde abgebrochen.

Die Burgruine Frauenberg liegt heute malerisch über dem linken Ufer der Lahn auf einem steilen Basaltkegel, wobei der dreieckige Grundriss noch zu sehen ist. Erhalten blieben an der Westseite ein Teil der etwa sieben Meter hohen inneren Ringmauer, die von außen mit grob behauenen Sandsteinen bekleidet ist, ein 1873 restauriertes Tor sowie Reste der äußeren Ringmauer und der Umfassungsgraben.

Die Heilige Elisabeth und ihr geistlicher Zuchtmeister

Der Bilderstreit in der Marburger Universität

Die Baulichkeiten der noch heute so genannten „Alten Universität" der Philipps-Universität in Marburg entstanden in den Jahren 1874-1879 und 1887-1891 auf den Fundamenten eines niedergelegten Dominikanerklosters. Als man sich entschied, den Architekten Carl Schäfer mit der Planung und der Ausführung des Baus zu beauftragen, war damit zugleich eine Entscheidung für eine neugotische Gestaltung der Universitätsgebäude gefallen. Sein Entwurf für ein Auditoriengebäude, das anstelle der früheren Klosterbauten im Winkel zwischen Kirche und Ostflügel um einen neuen Kreuzgang mit eingestelltem Treppenhaus eingefügt werden sollte, fand uneingeschränkte Billigung. In der zweiten Bauphase wurde dann das Aulagebäude hinzugefügt. Die durch drei Maßwerkfenster und Spitzgiebel gegliederte Ostfront setzte im Stadtbild einen gewünscht historisierenden, pseudomittelalterlichen Akzent.

Das Innere der Aula ist bis heute von eindrucksvoller Wirksamkeit: die Decke, die Wandgestaltung und das Professorengestühl aus der Anfangszeit sowie die Gemälde großer historischer Marburger Ereignisse. 1903 wurden die sieben großformatigen Bilder von Peter J. Janssen angebracht. Der akademische Senat wollte an den Wänden der Universität sechs Bilder zur Unversitätsgeschichte sehen und zwar mit starkem Bezug zur Reformation. Als letztes Bild kam ergänzend dazu: „Die Heilige Elisabeth (gestorben zu Marburg 1231), Kranke pflegend und Almosen spendend".

Mit dem etwa fünf mal fünf Meter großen Bild „Die Hl. Elisabeth und ihr geistlicher Zuchtmeister Konrad von Marburg. 1230" eröffnete Peter Janssen seinen Gemäldezyklus. Es ist in Kaseinfarben auf Leinwand gemalt und nimmt die linke Hälfte der südlichen Schmalwand des Raumes ein. Das Gemälde zeigt eine Szene im Marburger Hospital in einem hohen Raum mit schwerem Holzgebälk, in den das helle Licht auf einen Teil der Krankenlager fällt. In der Mitte kniet weit vorübergebeugt Elisabeth in grauen Gewändern auf dem roten Tonfliesenboden. Ihre Füße und Unterarme sind nackt, das Gesicht ist von einem weißen Tuch um Stirn, Kinn und Schulter gerahmt, und ihr Blick geht schräg nach oben aus dem Bild heraus. Direkt hinter ihr steht Konrad in hellem Dominikanergewand mit schwarzem Skapulier. Er scheint heftig erregt zu sein: Der Oberkörper

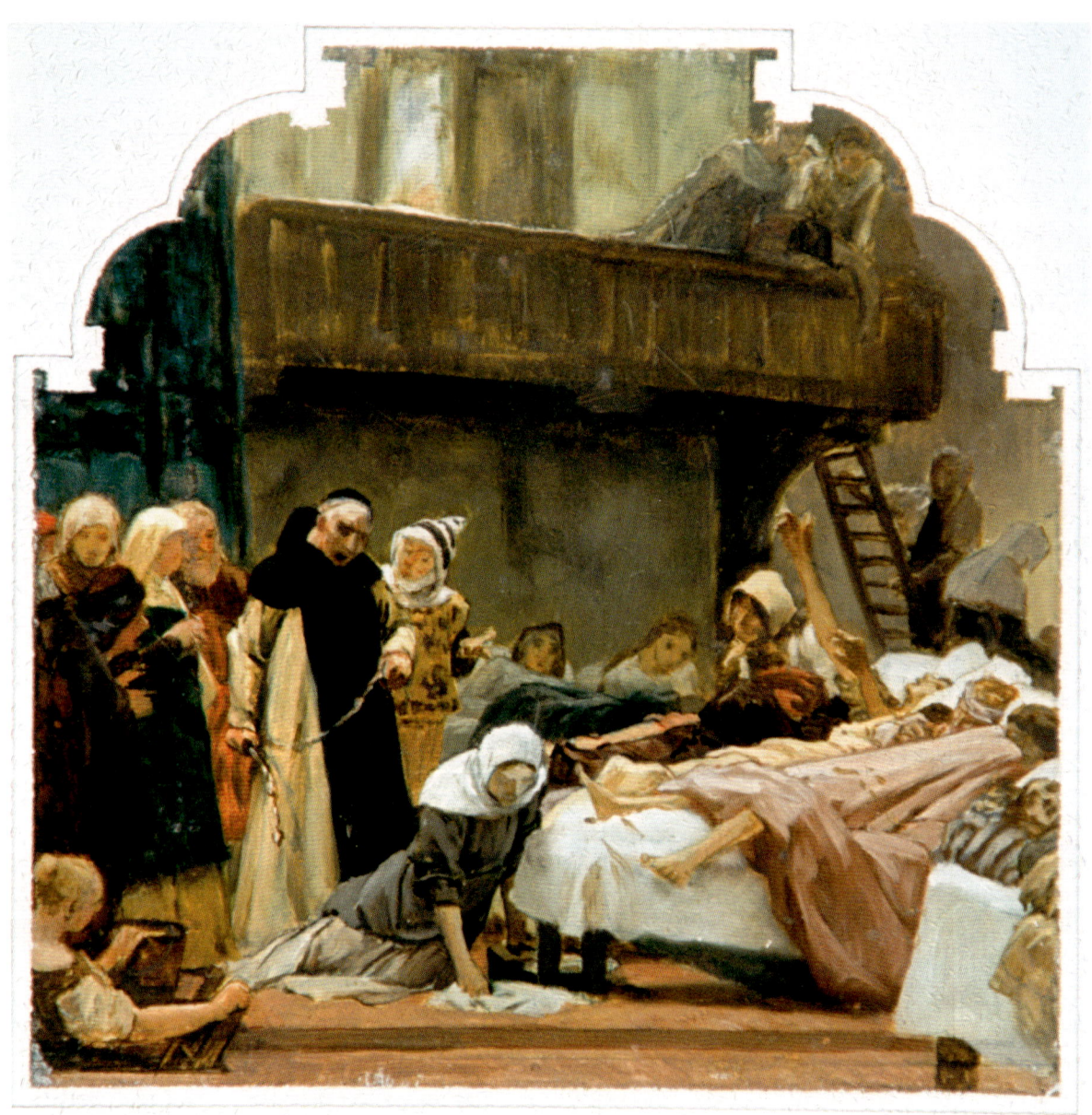

ist zur Seite gebeugt und gedreht, der Mund offen, der rechte Arm deutlich abgewinkelt und die Finger sind aggressiv gespreizt. Die ganze rechte untere Bildhälfte nehmen die Krankenlager ein. Auch die Kranken zeigen heftige Erregung, so sehr, dass man bei manchen Physiognomien und Gebärden an Verrückte denken möchte. Zur Nervosität der Gesamtszene bildet der große stehende Kruzifix rechts oben an der Wand einen deutlichen Kontrast.

Zunächst und für einige Zeit sogar war dieses Gemälde ein Skandalbild, das helle Empörung auslöste. Erst nach äußerst gereizten Auseinandersetzungen wurde die Malerei in ein halbwegs akzeptiertes, braves Bild verwandelt. Die Kommissionsmitglieder protestierten vor allem gegen das unprotestantische Bild der Elisabeth und gegen „die Aufnahme der Gestalt des Ketzerrichters". Damit war nicht nur der Beichtvaters Elisabeths gemeint, sondern auch das Verhältnis der beiden zueinander. Janssen hatte, dem Arbeitsvertrag gemäß eine kleine Ölskizze angefertigt, so dass die Unterschiede und die Übereinstimmungen zwischen Entwurf und Ausführung klar erkennbar sind. Das Gravamen bestand darin, dass der Ketzerrichter im Entwurf einen Geißelstrick in den Händen hält: Konrad hat Elisabeth geschlagen oder ist im Begriff, es zu tun.

Im April 1898 erschien in der Zeitschrift „Kunst für Alle" ein Bericht über den Maler Janssen und seine Werke. Das Konrad-Elisabeth-Bild nannte der Autor eine die *„ganze Kulturepoche des Mittelalters scharf beleuchtende Darstellung"*, und er schrieb: *„Wie der fanatische Priester die liebevollen Magddienste, welche jene fromme thüringische Fürstin den Elendesten und Ärmsten tut, mit der Geißel an dem zarten Körper straft, das ist ein Stück in Farben und Formen verewigte Kirchengeschichte, das überzeugender wirkt als hundert wortreiche Behandlungen des Themas."* Ein solcher Ingrimm konnte wohl nur von einem eingefleischten Protestanten kommen. Nach dieser Veröffentlichung brach jedenfalls der Sturm los: Gremien tagten, Sonderkommissionen wurden gebildet, Vermittlungsvorschläge formuliert.

Nun: Janssen hat den Strick im längst fertiggestellten Gemälde einfach überpinselt. Im Oktober 1903 wurden die Gemälde auf die Wand geklebt und in die Rahmen eingepasst, durch einen Regierungsvertreter abgenommen und „schenkweise" der Universität übergeben. Allerdings war die Konzeption, sechs der Gemälde ausschließlich der Universitätsgeschichte zu widmen, inzwischen aufgegeben worden. Weitere Bilder zeigen nun: „Kaiser Friedrich II. entlässt nach Preußen ziehende Deutsch-Ordensritter. 1236" - „Sophie von Brabant lässt die Marburger Heinrich dem Kinde huldigen. 1248" – „Die Reformatoren ziehen zum Religionsgespräch ein, empfangen von Philipp dem Großmütigen. 1529" – „Die Schlacht bei Laufen. 1534" – „Dominikaner überlassen ihr Kloster der Universität. 1527" und „Professor Christian Wolf wird von Marburger Studenten eingeholt. 1723." Fortan gehörte das Universitätsgebäude mit Aula und Gemälden neben der Elisabethkirche und Schloss für Jahrzehnte zu den drei Hauptsehenswürdigkeiten der Stadt.

Das Rosenwunder bei Haina

Unterwegs mit dem Pilgerführer „Elisabethpfad"

Der Pilgerpfad der Heiligen Elisabeth wurde als Fernwanderweg eingerichtet, auf dem man sich beim Wandern zur Elisabeth-Grabeskirche in Marburg in aller Ruhe der mittelalterlichen Frauenpersönlichkeit und ihrer Frömmigkeit annähern kann. Der Weg ist auch deshalb ein ganz zeitgemäßes Angebot, weil immer mehr Menschen „wandelnd" ihrer spirituellen Sehnsucht nach Lebenssinn und Lebensziel nachgehen wollen und sich bewusst Zeit nehmen, die Langsamkeit neu zu entdecken und den Pfad meditativ zu erlaufen.

Das erste Stück des Elisabethpfads wurde zwischen Kloster Altenberg und Marburg angelegt, zum Jahrtausendwechsel hat ihn die „Evangelische Kirche in Hessen und Nassau" dann von Frankfurt aus fortgesetzt. Die Route wurde so gewählt, dass sie sowohl dem Bedürfnis nach Wandern und Pilgern gerecht wird, als auch Natur- und Schöpfungserlebnisse vermitteln kann. So sieht es jedenfalls der 2002 gegründete „Elisabethpfadverein", dessen Patronin natürlich die Heilige Elisabeth ist. Gemeinden am Weg, die Franziskanerprovinz Hessen-Thüringen und engagierte Einzelpersonen sind Mitglieder dieses Vereins, der sich für die Pflege des Pilgerwegs, aber auch die kulturhistorisch kundige Wegbeschreibung verantwortlich weiß.

Die Strecke von Marburg zum Kloster Altenburg ist nicht nur geheimnisvoll und eindrucksvoll, sondern möglicherweise sogar authentisch, da Elisabeth 1229 ihre eineinhalbjährige Tochter Gertrud selbst zum Kloster Altenberg brachte. Die Legende berichtet Folgendes: Als Elisabeth ihre kleine Tochter Gertrud von Marburg zum Prämonstratenserinnenstift auf dem Altenberg brachte, machte sie am zweiten Tag in der Nähe des Hofes Haina Rast. Am Waldesrand lagerte sie sich neben einem verdorrten Rosenbusch. Als erstes versorgte sie die Windel des Kindes, die nass war. So hängte Elisabeth sie für eine Weile zum Trokknen über die Äste des Rosenbusches. Am Ende der Mittagspause nahm sie die Windel herunter, um sie der Kleinen wieder anzuziehen. Doch, welch Wunder! Jetzt trug der Busch Blätter und war übersät mit leuchtenden Rosenblüten.

Lange Jahrhunderte zeigte man in Haina diesen geheiligten Busch voller Stolz. Inzwischen ist er verschwunden. Der Weg mutet an dieser Stelle dennoch wunderschön an und tatsächlich ist er von ausufernden Heckenrosenbüschen gesäumt, die aber selbst in der passenden Jahreszeit nicht immer mit vollem Blütenschmuck betrachtet werden können, da die Knospen für die Rehe zu schmackhaft sind.

Das idyllisch gelegene Hofgut Haina, ein Weiler aus vier Gehöften, hat aber durchaus eine eigene interessante Geschichte. Der adelige Gutshof, der immer an vier Pächter

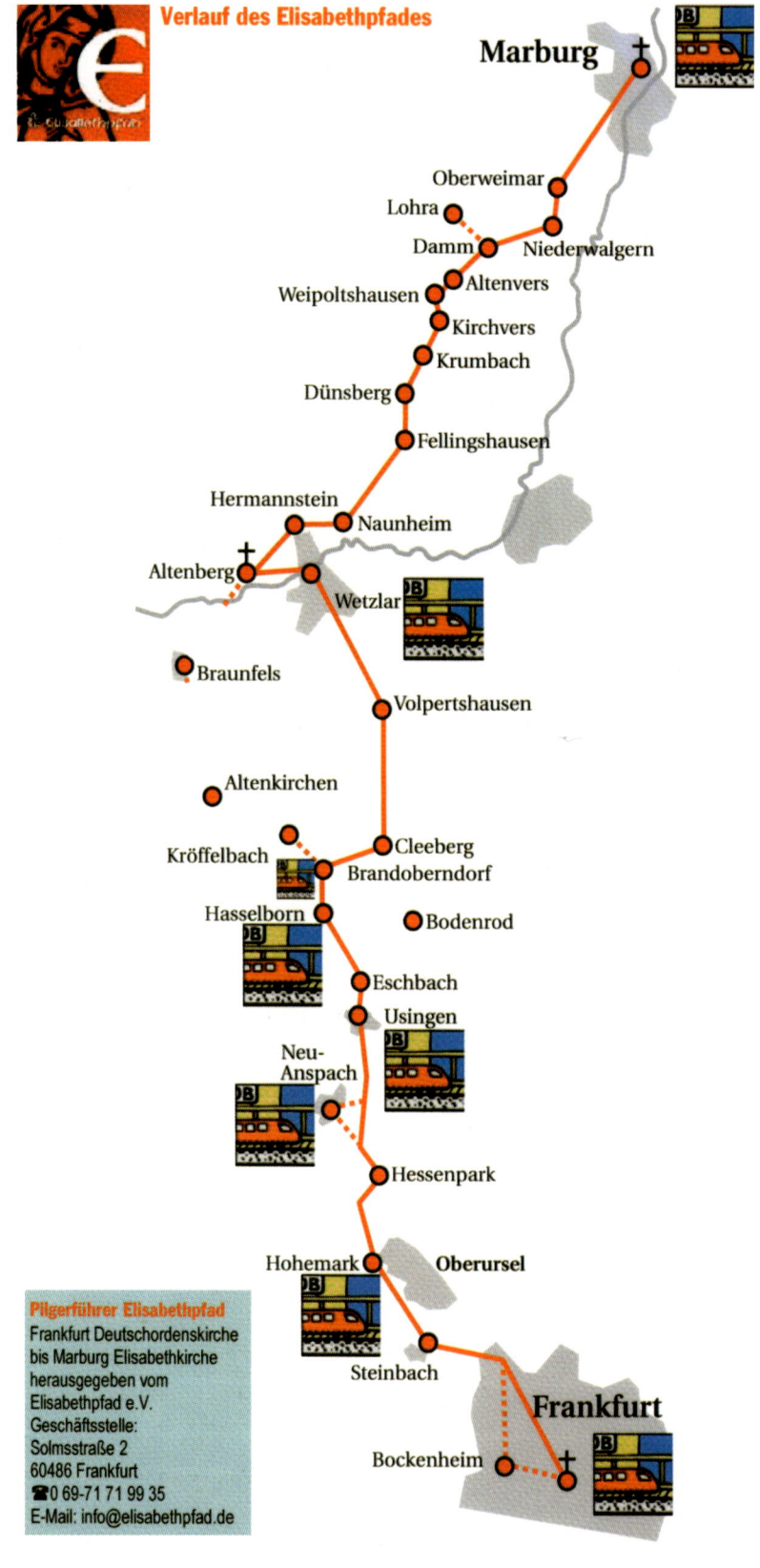

Verlauf des Elisabethpfades

Marburg

Oberweimar

Lohra

Damm — Niederwalgern

Altenvers

Weipoltshausen

Kirchvers

Krumbach

Dünsberg

Fellingshausen

Hermannstein — Naunheim

Altenberg

Wetzlar

Braunfels

Volpertshausen

Altenkirchen

Kröffelbach — Cleeberg

Brandoberndorf

Hasselborn

Bodenrod

Eschbach

Usingen

Neu-Anspach

Hessenpark

Hohemark — Oberursel

Steinbach

Frankfurt

Bockenheim

Pilgerführer Elisabethpfad
Frankfurt Deutschordenskirche
bis Marburg Elisabethkirche
herausgegeben vom
Elisabethpfad e.V.
Geschäftsstelle:
Solmsstraße 2
60486 Frankfurt
☎ 0 69-71 71 99 35
E-Mail: info@elisabethpfad.de

vergeben wurde, war seit dem 13. Jahrhundert im Besitz der Grafen Solms. Er wurde an der alten Marburgerstraße errichtet, die von dem katzenelnbogischen Rheinfels zu dem Marburger Schloss führte. Über Jahrhunderte war dies daher eine Ausspannstation für die Fuhrleute. Dass sich die Bewohner der Höfe, die zumeist noch immer Nachkommen der ehemaligen Pächter sind, mit den Ereignissen um Elisabeth identifizieren und die Pilger gerne beraten und betreuen, ist ihnen zu danken.

Mit diesem Abstecher zu den Wirkungsstätten der Heiligen Elisabeth beschließen wir unsere denkmalpflegerische Reise und hoffen, dass Sie ermutigt wurden, sich die herrlichen Plätze selbst anzusehen und dabei etwas vom Geist und vom Leben der ungarischen Königstochter zu erspüren.

Epilog

Über die Begriffe „Heiligkeit", „heilig" und „Heilige" sind eine Fülle von Werken geschrieben worden. An die eigentliche Grundbedeutung dieser Begriffe führt wohl am ehesten der sprachgeschichtliche Aspekt heran. Im Bereich der germanischen Sprachen geht „heilig" zurück auf das altnordische Wort „heilagr" (altsächsisch „helag"), das vor allem die Bedeutung „jemandem gehören, jemandes Eigentum sein" hat. Demnach gehört der oder das Heilige nicht sich selbst, es ist also nicht von sich und durch sich selbst bestimmt, sondern gilt als Eigentum der Gottheit und ist ihr geweiht (althochdeutsch "wih").

Die Mönche, die aus dem lateinischen Sprachraum kamen, übersetzten das germanische Begriffsfeld „heilig" mit dem lateinischen „sanctus" (von „sancire" abtrennen). Mit „sanctio", die Abtrennung, benennt das Lateinische die scharfe Abgrenzung des der Gottheit gehörenden „heiligen" Tempelbezirks (dem „fanum") von dem Davorliegenden (dem „pro-fanum"), dem allen Menschen Zugänglichen. Hierbei wird ersichtlich, dass „heilig" und „profan" denknotwendig miteinander verknüpft sind.

Der religiöse Begriff besagt: *„Heiligkeit – und von daher heilig und Heiliger oder Heilige – gehört zu dem wenigen, das der Macht des Menschen entzogen ist; der Mensch kann sich Heiligkeit nicht selbst geben; Heiligkeit verleiht allein Gott."* Gott ist der *„omnium sanctorum sanctificator"*, der „Heiligmacher aller Heiligen". Am Heiligen werden die Grenze und die Ohnmacht des Menschen deutlich. Der Mensch vermag zwar unendlich viel, aber zweierlei ist seinem Vermögen entzogen: Er kann weder lebendig, noch heilig machen – beides kann nur Gott allein. Insofern stehen auch das Leben und das Heilige in einem untrennbaren und unmittelbaren Zusammenhang: Gott ist der Geber, der beides schenkt und gewährt. Und er gewährt zum Leben die Heiligkeit, wenn der Mensch das ihm geschenkte Dasein nach dem Willen und dem Gebot seines Schöpfers lebt, wenn er sich also vom „Heiligmacher aller Heiligen", von Jesus Christus (der offenbarten Liebe Gottes) rufen lässt und in der Nachfolge Jesu ein Leben nach dessen Vorbild und aus dessen Geist lebt.

Heilige sind demnach wahrhaft Nachfolgende! Elisabeth von Thüringen hat diesen geistigen Ruf in die Nachfolge Jesu angenommen, und das hat ihre Existenz grundlegend verändert. Dabei war ihre Entscheidung weder halbherzig noch leichtfertig, es war die Entscheidung für den Leidensweg Jesu, der im demütigen Gehorsam gegenüber dem Vater und aus Liebe zu den Seinen Leiden und Tod auf sich nahm. Diese Glaubenshaltung war die eigentliche Voraussetzung für die vielen Wunder und Zeichen, die Gott durch seine ergebene Dienerin bewirkt hat. Nur ein derart vorbildlicher Lebensweg konnte derartige, auf überweltliche Ursachen verweisende Ereignisse nach sich ziehen.

Bis ins 6. Jahrhundert entstanden Heiligenverehrungen im Christentum aus einzelnen Kirchengemeinden heraus. Beim Konzil von Frankfurt 794 kam es zu einer weiteren Verrechtlichung dieses Vorganges. Das hieß vor allem, dass zukünftig der lokal zuständige Bischof gefragt werden musste. Schließlich erhob 993 erstmals der Papst eine Person in den Heiligenstand und Ende des 16. Jahrhunderts wurde gar eine eigene Behörde für das inzwischen beschlossene Verfahren (den sogenannten Kanonisationsprozess) geschaffen. Selig- und heiliggesprochen werden kann danach nur, wer ein durch „heroische Tugendführungen" gekennzeichnetes Leben geführt hat. Im Leben der Elisabeth von Thüringen gibt es daran keinerlei Zweifel.

Elisabeth hat, den Berichten zufolge, tatsächlich feststellbare und von zahlreichen Zeugen beeidete Wunder hervorgebracht. Darunter viele, die bis heute als dem Menschen unmöglich gelten. Natürlich entziehen sich all diese Dinge unserer Beurteilung, weil religiöse Zeichen per se von bekennender Natur sind. Für Gläubige werden sie zu Heilserfahrungen und Verweise auf Gottes große Macht, für Ungläubige aber bleiben sie eine Torheit, ja, ein unzugängliches und unauflösbares Phänomen.

Das Heilige ist daher auch religionsphilosophisch schwer zu bestimmen. Es kann mit Vernunftskategorien allein nicht ausgedrückt werden, ist aber anderseits mit einer starken emotionalen Dynamik geladen. Das hat dazu geführt, dass man das Heilige vor allem durch die Gefühlsreaktionen zu bestimmen versucht, die es im erlebenden Subjekt auslöst. Wo der Mensch dem Heiligen begegnet, da fühlt er sich existenziell betroffen, da wird seine persönlichste Anteilnahme aufgerufen. Wer sich auf die Spuren der Heiligen Elisabeth macht, spürt wie sehr ihr Leben die Gemüter und die Herzen der Menschen berührt hat und noch heute berührt.

Dietrich von Apolda, ein Dominikaner aus Erfurt, verfasste, auf ausgiebigem Quellen-studium fußend, ab 1289 in lateinischer Sprache eine Vita Elisabeths. Hier gibt er einen fiktiven Dialog wieder, den wir zum Abschluss zitieren:

„Voll Vertrauen wende ich mich an dich,
du edle und fromme Frau Elisabeth.
Weshalb mühst du dich ab, du als Königstochter?
Warum beschmutzt du dich mit solchen Dingen?
Du bist ein Kind von Adel und in Safran erzogen worden,
warum berührst du diesen Schmutz?
Du verschmähst den Königssaal
und hängst dein Herz an ein winziges Häuschen.
Gib mir eine Antwort, ich bitte dich darum.“

Die Antwort:
„Wundere dich nicht über die Werke,
die ich vollbringe.
Gottes Gnade in mir bewirkt sie.
Sie sind keine Beschmutzung,
sondern Heilmittel für die Sitten.
Nenne nicht Schmutz,
was den Körper heiligen kann.
Ich habe eine Lebensweise erkoren,
die ich für die allerniedrigste halte.
Und gäbe es eine noch armseligere,
würde ich diese erwählen,
denn auf dem schmalsten Weg
gelangt man zu den höchsten Ehren.“

Die ungewöhnlich reichhaltige Literatur, die das Leben und Wirken der Elisabeth von Thüringen seit ihren Tagen bis heute zum Gegenstand hat, zeigt mit welch starkem frommen Antrieb und Interesse die Menschen von Anfang an auf die Heilige geschaut haben. Gleiches gilt für die Zahl der Bild- und Kunstwerke, die zur Verbreitung des Elisabeth-Kultes angefertigt wurden.

Die Spuren der Verehrung und der grenzenlosen Bewunderung vervielfältigen sich noch immer und die Hoffnung auf ihre Trost- und Heilkraft ist offenbar ungebrochen. Der Wunderglaube der Menschen hat über Jahrhunderte eine unbeschreibliche Anzahl an beredten Zeugnissen hinterlassen, von denen wir Ihnen natürlich nur einen kleinen Ausschnitt zeigen konnten. Viele weitere mythische und mystische Wirkungsstätten dieser mittelalterlichen Persönlichkeit gilt es noch zu entdecken. Wir müssen sie nur wahrnehmen. Denn es gilt noch immer: *„Nicht das Geschehene, das Geschaute prägt uns."* Und wenn das wahr ist, dann können wir nach dem Anschauen der vielen Kulturdenkmäler wohl mit Elisabeth sagen, dass wir *„nachher heiter und vergnügt dastehen!"*.

Die Autorin

Dr. Monika Vogt

Studium der Mittleren und Neueren Geschichte, Kunstgeschichte, Kulturanthropologie und Europäischen Ethnologie sowie der Klassischen Archäologie an der Johann Wolfgang Goethe-Universität in Frankfurt am Main.
Seit 1991 wissenschaftliche Mitarbeiterin am Landesamt für Denkmalpflege Hessen.

Wir danken Hans-P. Szyszka für die Fotos auf den Seiten 53-64, 74-82 und 145-146.